Akutagawa Ryūnosuke

Dialoge in der Dunkelheit

Akutagawa Ryūnosuke

Dialoge
in der Dunkelheit

Späte Prosa und Erzählungen

Aus dem Japanischen übersetzt
und mit einer Vorbemerkung und Anmerkungen versehen
von Armin Stein

iudicium

**Bibliografische Information
der Deutschen Nationalbibliothek**

Die Deutsche Nationalbibliothek verzeichnet diese Publikation
in der Deutschen Nationalbibliografie;
detaillierte bibliografische Daten sind im Internet über
http://dnb.d-nb.de abrufbar.

ISBN 978-3-86205-009-3

© IUDICIUM Verlag GmbH München
2. Auflage 2010
Alle Rechte vorbehalten
Druck: Elbe Druckerei Wittenberg GmbH
Printed in Germany
www.iudicium.de

INHALTSVERZEICHNIS

Vorbemerkung

Die siebzehn Erzählungen und Prosatexte dieses Bandes entstanden in den letzten Lebensjahren Akutagawa Ryūnosukes (1892–1927), dessen spätes Werk im Westen noch immer weitgehend unbekannt ist.

Akutagawa wurde in Tōkyō geboren und blieb – von kurzen Zwischenspielen abgesehen – bis zu seinem Freitod dort wohnhaft. Er lebte in einer Zeit des radikalen sozialen, politischen und wirtschaftlichen Wandels Japans von einer postfeudalen Gesellschaft hin zu einer modernen Industrienation, der sich insbesondere in der Metropole Tōkyō vollzog, und eines anhaltenden Imports westlichen Gedankengutes. Akutagawas Werke legen Zeugnis davon ab, in welchem Maße dieses in einer rapiden Modernisierung begriffene gesellschaftliche Umfeld seine Persönlichkeit prägte. Obgleich er Japan nur ein einziges Mal in seinem Leben verließ – anläßlich einer Reise nach China im Jahre 1921 – und niemals im Westen war, ist insbesondere sein spätes Werk auch ein Dokument seiner lebenslangen Auseinandersetzung mit westlicher Literatur, mit Shakespeare, Goethe, Strindberg, Ibsen, Dostojewski, Tolstoi, Turgenjew, Baudelaire, Verlaine, Lord Byron und Nietzsche, aber auch seiner intensiven Beschäftigung mit abendländischer Philosophie und den bildenden Künsten Europas.

Akutagawa, der als Exponent einer „Intellektuellen Schule" (*richiha*) in der Tradition Natsume Sōsekis (1867–1916) gilt, hatte bereits während seines Studiums der Anglistik an der Kaiserlichen Universität Tōkyō zwischen 1912 und 1916 mit einigen Erzählungen auf sich aufmerksam gemacht. In den folgenden Jahren wurde er durch die Veröffentlichung von Erzählsammlungen, Essays und Gedichten zu einem der bekanntesten und meistgelesenen zeitgenössischen Schriftsteller und Dichter Japans. Sein Freitod am 24.

Juli 1927 erschütterte die japanische Öffentlichkeit und löste eine regelrechte Welle von Selbstmorden zumeist jugendlicher Nachahmer aus. Der im Jahre 1935 vom Tōkyōter Verlagshaus Bungei shunjū gestiftete Literaturpreis für Nachwuchsschriftsteller, der seinen Namen trägt, gilt heute als der renommierteste Literaturpreis Japans.

Ungeachtet der literarischen Reputation, die er bereits zu Lebzeiten besaß, befand sich Akutagawa – ebenso wie Tanizaki Jun'ichirō (1886–1965) und Nagai Kafū (1879–1959), die beiden anderen großen Erzähler seiner Generation – in einem entschiedenen und häufig mit äußerster Polemik ausgetragenen Gegensatz zur weiterhin vorherrschenden literarischen Strömung seiner Zeit, dem japanischen „Naturalismus" (*shizenshugi*). Einer Fehlinterpretation des europäischen Naturalismus folgend, tendierte der japanische „Naturalismus" schon wenige Jahre nach dem Erscheinen der ersten Werke Kunikida Doppos (1871–1908), Shimazaki Tosons (1872–1943) und Tayama Katais (1871–1930) zu Beginn des zwanzigsten Jahrhunderts hin zur „Ich-Erzählung" (*shishōsetsu*). Die von Tayama ursprünglich geforderte „drastische Abbildung der Realität" (*rokotsu naru byōsha*) wurde in der Folge zumeist auf eine exhibitionistische und häufig schlichtweg peinliche Abbildung der Lebenssituation der Autoren und ihrer Gefühlswelt reduziert, die gleichwohl auf das voyeuristische Interesse eines breiten Leserpublikums stieß. Hingegen wurzelt Akutagawas Werk in einem tiefen Mißtrauen gegenüber einer Alleingültigkeit der sinnlich erfaßbaren Phänomene und in der Überzeugung, daß keine „naturalistisch" abbildende Beschreibung der Komplexität menschlicher Empfindungen und Handlungsweisen gerecht zu werden vermag. Wenngleich in Akutagawas letzten Lebensjahren seine persönliche Lebenssituation in den Mittelpunkt seiner Werke rückte und auch er zunehmend zur autobiographischen Darstellungsweise und damit zur Ich-Erzählform tendierte, behielt er stets die analytische, illusionslose und häufig ironische Distanz bei, die bereits seine früheren Werke ausgezeichnet hatte, und verfiel zu keinem Zeitpunkt in den fatalen, selbstdarstellerischen Offenbarungsdrang, der für die

Werke der überwiegenden Mehrheit der *shishōsetsu*-Autoren charakteristisch ist.

Die Jahre vor Akutagawas Freitod am 24. Juli 1927 waren überschattet von schweren gesundheitlichen und psychischen Krisen, von Krankheiten und Depressionen. Neben chronischen Magen- und Darmsyndromen litt er in zunehmendem Maße unter Halluzinationen, denen er mit Beruhigungsmitteln zu begegnen suchte. Ihn belastete die beengende Wohnsituation im Hause seiner Stiefeltern in Tōkyō, wo er mit seiner Frau und den drei kleinen Söhnen lebte, und er beklagte seine schlechtbezahlte Stellung als Mitarbeiter der Literaturredaktion der Tageszeitung „Ōsaka mainichi shinbun", der sein Arbeitsvertrag ein Exklusivrecht an seinen Werken zusicherte. Zudem war er der Kritik der „Naturalisten" ausgesetzt, die vor allem seine Vorliebe für die Form der kurzen Erzählung zum Anlaß nahmen, ihm die Befähigung zum Roman (und somit zum Schriftsteller überhaupt) abzusprechen.

Ungeachtet seiner schwierigen Lebenssituation in diesen Jahren zeigt sich Akutagawa jedoch in seinem späten Werk, in das dieser Band einen kleinen Einblick geben möchte, auf der Höhe seiner literarischen Schaffenskraft. Zur sprachlichen Eleganz und subtilen Psychologie der frühen Werke tritt eine experimentierfreudige stilistische Vielfalt, aus der das Bemühen des Autors spricht, der japanischen Literatur seiner Zeit neue Wege zu weisen. So enthält sein spätes Werk neben Erzählungen etwa Texte in Dialogform, Filmdrehbücher, Aphorismensammlungen, meisterhafte literarische Skizzen in prägnantester Kürze und darüber hinaus eine Vielzahl von Essays, Gedichten und tagebuchähnlicher Prosa. Akutagawas Werke haben auch ein dreiviertel Jahrhundert nach seinem Freitod nichts von ihrer inhaltlichen, sprachlichen und stilistischen Originalität und Lebendigkeit eingebüßt.

Tōkyō, im Mai 2003   *Armin Stein*

AM MEER

I.

… Es regnete immer noch. Nach dem Mittagessen rauchten wir einige *Shikishima* und unterhielten uns über unsere Tōkyōter Bekannten.

Wir befanden uns im Nebengebäude des Rokujō-Futama-Ryokan, dessen Schilfrohrmarkise zum leeren Garten herabhing. Der Garten war leer, doch neigte hier und da ein an dieser Küste weitverbreitetes Riedgras seine Ähren zum Sand. Zum Zeitpunkt unserer Ankunft waren diese Ähren noch längst nicht voll erblüht gewesen, zudem waren sie anfangs von einem dunklen Grün. Mittlerweile aber hatten alle unmerklich die gleiche fuchsrote Färbung angenommen, und nun hingen sie tropfnaß herab.

„Nun denn, arbeiten wir noch was."

Der kurzsichtige M. lag lang ausgestreckt da und polierte seine Brillengläser mit einem Ärmel seines – wie es in einem Ryokan üblich ist – hart gestärkten Hauskimonos. Mit „Arbeit" meinte er die Texte, die wir allmonatlich für unsere Zeitschrift zu verfassen hatten.

Nachdem M. sich in das Nebenzimmer zurückgezogen hatte, machte ich das Sitzkissen zum Kopfkissen und schlug die *Geschichte von den acht Hunden der Satomi* auf. Am Vortag hatte ich zu lesen begonnen, wie Shino, Genpachi und Kobungo aufbrechen, um Sōsuke zu Hilfe zu eilen: *Da nahm Amazaki Terubumi die vorbereiteten fünf Päckchen mit Goldmünzen aus seinem Beutel. Zunächst legte er drei davon auf seinen Fächer und sagte: „Meine Herren, jedes dieser Päckchen enthält Münzen im Wert von dreißig Ryō. Das ist nur eine Kleinigkeit, doch für Ihre Reiseausgaben sollte es genügen. Es ist nicht mein Abschiedsgeschenk, sondern ein Geschenk des Herrn Satomi, nehmen Sie es daher bitte an".* –

Als ich das las, fielen mir die vierzig Sen Seitenhonorar ein, die ich zwei Tage zuvor bekommen hatte. M. und ich hatten im Juli unser Studium an der Fakultät für Englische Literatur abgeschlossen. Folglich mußten wir uns langsam überlegen, wie wir künftig unseren Lebensunterhalt bestreiten sollten. Allmählich vergaß ich die *Geschichte von den acht Hunden der Satomi* und begann mir auszumalen, wie es wäre, Lehrer zu werden. Doch darüber schlief ich ein und hatte diesen kurzen Traum:

– Offenbar war es tiefe Nacht. Ich lag bei geschlossenen Fensterläden allein in einem Zimmer. Da pochte jemand an die Tür und rief „Hallo!" Mir war klar, daß sich vor der Tür ein Teich befand. Ich hatte jedoch nicht die geringste Ahnung, wer mir gerufen haben mochte.

„Hallo, darf ich dich etwas fragen …" sagte die Stimme vor der Tür. Als ich das hörte, dachte ich: *Ach, das ist doch K.!*

K. war ein unverbesserlicher Taugenichts, der einen Jahrgang nach uns an der Philosophischen Fakultät studierte. Im Liegen erwiderte ich ziemlich laut:

„Spar dir diesen rührenden Ton! Du willst doch bloß Geld!"

„Nein, es geht nicht um Geld. Ich will meinem Freund nur eine Frau vorstellen …"

K.s Stimme war das wohl doch nicht. Zudem schien es jemand zu sein, der sich Gedanken um mich machte. Plötzlich war ich aufgeregt und sprang auf, um die Tür zu öffnen. In der Tat war der Garten vor der Veranda zu einem Teich geworden. K. war natürlich nicht zu sehen, auch sonst niemand.

Ich blickte eine kurze Weile auf den Teich, in dem der Mond sich spiegelte. Der Seetang, der im Teich trieb, ließ darauf schließen, daß Meerwasser hineinfloß. Da bemerkte ich unmittelbar vor meinen Augen ein blendend leuchtendes Kräuseln kleiner Wellen. Als sie sich meinen Füßen näherten, wurden die kleinen Wellen allmählich zu einer Karausche. Gelassen bewegte sie ihre Flossen im klaren Wasser.

Ach so, die Karausche hat gerufen! dachte ich erleichtert. –

Als ich erwachte, schienen bereits sanfte Sonnenstrahlen durch die an der Dachkante befestigte Schilfrohrmarkise. Mit der Waschschüssel ging ich hinab in den Garten und zum Brunnen dahinter, um mir das Gesicht zu waschen. Doch auch nachdem ich mich gewaschen hatte, ließ mich die Erinnerung an den Traum unerklärlicherweise nicht los. Ich hatte irgendwie das Gefühl: *Die Traum-Karausche war also mein unterbewußtes Ich*.

II.

... Eine Stunde später hatten wir uns Handtücher um die Köpfe gewickelt, nahmen unsere Badekappen, schlüpften in die bereitstehenden Holzsandalen des Hauses und gingen zum Baden an das etwa fünfzig Meter entfernte Meer. Wenn man vom Ende des Gartens aus einen sanften Hang hinabstieg, kam man sofort zum Strand.

„Ob man schwimmen kann?"

„Dazu ist es heute wohl zu kühl."

Wir wichen dem wuchernden Riedgras aus (es war unerträglich, wie einem die Waden zu jucken begannen, wenn man unbedacht in das tropfnasse Gras trat) und wechselten diese Worte. Keine Frage, es war bereits zu kühl, um baden zu gehen. Aber wir konnten uns noch nicht trennen vom Meer und von Kazusa – oder besser, vom Sommer, der seinem Ende entgegenging.

Zur Zeit unserer Ankunft hatten sich selbstverständlich immer Leute mit Wellenhüpfen auf Brettern und ähnlichem im Wasser versucht, selbst am Vortag hatte es noch einige Unentwegte gegeben. An diesem Tag jedoch war keine Menschenseele am Strand, selbst die roten Fahnen waren nicht gehißt, die den Badebereich einschränkten. Am ganzen weiten Strand sah man nichts als die überall anbrandenden Wellen. Auch bei der schilfumfriedeten Umkleidestelle war niemand – dort jagte ein brauner Hund einen Schwarm winziger Lausfliegen. Doch als er uns bemerkte, lief auch der Hund sofort in die entgegengesetzte Richtung davon.

Ich zog die Holzsandalen aus, hatte aber nicht die geringste Lust zu baden. M. jedoch hatte unterdessen bereits Kimono und Brille an der Umkleidestelle abgelegt, watete ins Wasser und zog seine Badekappe über.

„Was, willst du wirklich schwimmen?"

„Wo wir schon mal hier sind …"

Im knietiefen Wasser ging M. mehrmals in die Hocke und wandte mir lachend sein sonnengebräuntes Gesicht zu.

„Komm rein!"

„Ich will nicht."

„Ach, komm schon, *Enzen* ginge bestimmt rein."

„Unsinn!"

Enzen, das reizende Lächeln, war während unseres dortigen Aufenthaltes so etwas wie ein Stichwort zwischen uns; gemeint war damit ein fünfzehn- oder sechzehnjähriger Mittelschüler, der uns über den Weg gelaufen war. Er war nicht gerade schön, besaß aber eine gewisse jugendliche Frische, die irgendwo an junges Grün erinnerte. Eines Nachmittags, etwa zehn Tage zuvor, waren wir aus dem Wasser gestiegen und hatten uns auf den heißen Sand geworfen. Da schleifte er vor Anstrengung keuchend eine Planke an uns vorbei, auch er naß vom Seewasser. Als er uns plötzlich zu seinen Füßen liegen sah, lächelte er strahlend. Nachdem er uns passiert hatte, sandte M. mir ein kurzes ironisches Grinsen zu und sagte: „Hat der aber reizend gelächelt!" Von da an nannten wir ihn *Enzen*.

„Du willst also auf keinen Fall hinein?"

„Auf keinen Fall."

„Verdammter Dickkopf!"

M. besprengte sich mehrmals mit Wasser, dann begann er, sich schnell hinaus in die See zu bewegen. Ohne mich weiter um ihn zu kümmern, stieg ich auf einen niedrigen Sandhügel ein wenig abseits der Umkleidestelle. Dann setzte ich mich auf die Holzsandalen, um eine Zigarette zu rauchen. Wegen des ungewöhnlich heftigen Windes wollte es mir jedoch einfach nicht gelingen, sie mit den Streichhölzern anzuzünden.

„He!"

M. – ich hatte gar nicht bemerkt, wann er gekommen war – stand auf einer Sandbank und rief mir etwas zu. Im Rauschen der Brandung drang seine Stimme jedoch kaum an mein Ohr.

Was ist los? Als ich ihn das fragte, hatte er bereits seinen Kimono übergezogen und sich neben mich gesetzt.

„Mich hat eine Qualle gestreift."

Seit einigen Tagen hatten sich die Quallen in der See offenbar schlagartig vermehrt. Auch mir hatte eine solche am vorletzten Morgen von der linken Schulter bis zum Oberarm gestichelte Wundmale zugefügt.

„Wo?"

„Am Hals. Als ich spürte, daß es mich erwischt hatte, sah ich mehrere im Wasser."

„Deshalb bin ich nicht hinein."

„Von wegen! – Tja, mit dem Baden ist es allerdings vorbei."

Soweit das Auge reichte, flirrte der Strand im Sonnenlicht, abgesehen von Flecken mit angespültem Seetang. Nur der Schatten einer Wolke zog gelegentlich rasch darüber hinweg. Eine Weile schwiegen wir, rauchten und beobachteten die Wellen, die auf den Strand zurollten.

„Hast du dich für eine Lehrerstelle entschieden?" fragte M. unerwartet.

„Noch nicht. Und du?"

„Ich? Ich werde …" wollte M. antworten, als uns plötzlich Gelächter und lärmende Schritte überraschten. Es waren zwei gleichaltrige junge Frauen in Badeanzügen und Badehauben. Fast übermütig keck liefen sie nahe an uns vorbei und schnurstracks weiter zum Wasser. Als wir den Mädchen hinterherblickten – eine trug einen scharlachroten Badeanzug, die andere einen schwarz-gelb getigerten – als wir ihren beschwingten Gestalten hinterherblickten, grinsten wir plötzlich wie auf Absprache.

„Ach, die beiden sind auch noch nicht heimgefahren."

Es sollte scherzhaft klingen, doch M.s Stimme verriet eine gewisse Rührung.

„Du willst bestimmt nochmal ins Wasser?"

„Wenn die eine alleine wäre, auf jeden Fall. Aber da sie mit *Jingeji* zusammen ist …"

Wie dem erwähnten *Enzen* hatten wir der einen jungen Frau – der im schwarz-gelben Badeanzug – einen Spitznamen verpaßt. *Jingeji* brachte zum Ausdruck, daß sie sinnliche Gesichtszüge besaß (wir hatten die deutschen Begriffe *Sinnlichkeit* und *Gesicht* kombiniert). Es gelang weder M. noch mir, irgendeine Zuneigung für sie aufzubringen. Für die andere jedoch – für sie interessierte sich M. verhältnismäßig stark. Und er machte entsprechende Ansprüche geltend wie etwa: „*Jingeji* mußt du nehmen. Ich will nämlich die andere."

„Dann geh' doch wegen der einen nochmal rein."

„Soll ich beweisen, daß ich jedes Opfer für sie bringe? Sie weiß doch ganz genau, daß ich sie beobachte."

„Na und, macht dir das etwas aus?"

„Ja, mich stört das."

Die beiden waren bereits ins Wasser gewatet und hielten sich an den Händen. Unaufhörlich rollten Wellen heran und schäumten vor ihnen hoch. Als hätten sie Angst davor, naß zu werden, sprangen sie jedesmal in die Höhe. Ihre Ausgelassenheit wirkte angesichts des einsamen spätsommerlichen Strandes fast übertrieben. In der Tat ähnelten die beiden eher hübschen Schmetterlingen als Menschen. Wir beobachteten eine Weile lang ihre Gestalten, die sich weiter vom Strand entfernten, und hörten ihr Lachen, das der Wind zu uns trug.

„Sie sind ziemlich mutig, das muß man sagen."

„Noch stehen sie."

„Aber jetzt – nein, sie stehen immer noch."

Die beiden hatten längst ihre Hände voneinander gelöst, getrennt bewegten sie sich in die offene See hinaus. Die eine – die mit dem scharlachroten Badeanzug – ging besonders schnell hinaus. Nun stand sie brusttief im Wasser, winkte der anderen und rief ihr mit gellender Stimme etwas zu. Auch aus der Ferne sah man, daß sie unter ihrer großen Badehaube lebhaft lachte.

„Quallen?"

„Hm, könnte sein."

Doch die beiden gingen hintereinander weiter in die See hinaus.

Als wir schließlich nur noch ihre Badehauben sahen, standen wir endlich auf. Dann schlenderten wir ziemlich schweigsam (auch weil wir hungrig geworden waren) zurück zu unserer Unterkunft.

… Die Abenddämmerung war herbstlich kühl. Nach dem Abendessen gingen wir mit unserem Freund H., der sich auf Heimatbesuch dort aufhielt, und mit N., dem Schwiegersohn unserer Gastwirte, nochmals ans Meer. Nicht etwa, um gemeinsam spazieren zu gehen. H. und N. wollten unabhängig voneinander zum Dorf S. – H., um einen Onkel zu besuchen, N., um beim dortigen Korbmacher einen Hühnerkorb zu bestellen.

Der Weg zum Dorf S. verlief an der Küste entlang und wand sich um hohe Sanddünen, er führte weg vom Badestrand. Natürlich verbargen die Dünen die See, auch das Rauschen der Wellen vernahm man nur schwach. Doch hier und da wuchernde Gräser, aus denen irgendwelche schwarzen Ähren sprossen, rauschten unertwegt im Seewind.

„Riedgras ist das wohl nicht, was hier wächst. – N., wie heißt dieses Gras?"

Ich rupfte ein paar Gräser aus und reichte sie N., der einen Sommerhaori und die dazu passenden, knielangen Hosen trug.

„Nun, Knöterich ist das nicht – wie heißt das nur? H. weiß es bestimmt. Im Unterschied zu uns ist er nämlich ein Landkind."

Wir hatten schon gehört, daß N. aus Tōkyō kam und hier geheiratet hatte. Und wir hatten auch gehört, daß seine Frau im letzten Sommer mit einem anderen Mann durchgebrannt war.

„Auch mit Fischen kennt sich H. viel besser aus als ich."

„Was denn, solch ein Gelehrter ist H.! Und ich dachte schon, er kennt sich nur im Fechten aus."

H., der einen gebogenen Stock mitschleppte, grinste nur schwach über M.s Bemerkung.

„Sag mal, M., mit irgendwas wirst du dich doch auch beschäftigen?"

„Ich? Ich gehe nur schwimmen."

Flackernd entzündete N. ein Streichholz, dann erzählte er von einem Börsenmakler aus Tōkyō, der im Jahr zuvor beim Baden angeblich von einem Drachenkopf gestochen worden war. Er behauptete felsenfest, was diesen Börsenmakler attackiert hatte, sei auf keinen Fall ein Drachenkopf gewesen, sondern mit Sicherheit eine Seeschlange – egal, was andere sagen mochten.

„Gibt es hier tatsächlich Seeschlangen?"

Doch es war der hochgewachsene H. – er trug eine Badekappe – der die Frage beantwortete.

„Ob es Seeschlangen gibt? Na klar, die gibt es in der Tat auch hier."

„Um diese Zeit auch?"

„Keine Sorge, nur ganz selten."

Wir lachten. Zwei Nagarami-Sammler kamen uns entgegen (Nagarami sind Meeresschnecken), sie hatten Reusen umhängen. Beide besaßen muskulöse Körper und trugen rote Lendentücher, doch sie trieften vom Wasser und wirkten eher elend als beeindruckend. Als wir auf gleicher Höhe waren, sagte N. als Antwort auf ihren Gruß:

„Nichts wie ins Bad!"

„Was für eine unerträgliche Arbeit."

Ich hatte irgendwie das Gefühl, daß auch ich gut und gern als Nagarami-Sammler enden könnte.

„Und ob, völlig unerträglich! Man muß weit hinaus in die offene See schwimmen und immer wieder bis auf den Grund tauchen."

„Und außerdem ist man meistens verloren, wenn man von einer Strömung abgetrieben wird."

H. schwang den gebogenen Stock und redete über verschiedene Seeströmungen. Unter anderem sagte er, daß starke Strömungen vom Strand aus etwa zweieinhalb Seemeilen weit in die offene See hinaustrieben.

„Sag mal, H., wann hieß es noch, der Geist eines Nagarami-Sammlers ginge um?"

„Letztes Jahr – nein, im vorletzten Herbst."

„Ging der wirklich um?"

N. mußte lachen, bevor er M. antwortete. „Es war kein Geist. Aber die Leute behaupteten, es spuke auf dem Friedhof, weil er im Bergschatten liegt, wo es nach Meer riecht, und weil die von Garnelen bedeckte Leiche eines Nagarami-Sammlers angetrieben worden war; auch wenn das anfangs niemand für bare Münze nahm, fand man es natürlich unheimlich. Dann hielt ein pensionierter Marineunteroffizier vom frühen Abend an Wache auf dem Friedhof, um sich Klarheit über diesen Geist zu verschaffen. Es kam aber keiner, den er schnappen konnte. Es kam nur eine Prostituierte aus dem hiesigen Freudenhaus, die ein Verhältnis mit dem Nagarami-Sammler gehabt hatte. Aber für eine Weile hatte sie die Leute in Aufruhr versetzt und dafür gesorgt, daß sie Zeter und Mordio schrien."

„Die Frau hatte doch bestimmt nicht die Absicht, den Leuten Angst einzujagen?"

„Nein, aber sie kam jede Nacht gegen Zwölf zum Grab des Nagarami-Sammlers und stand gedankenverloren davor."

N.s Geschichte war eine Posse, die bestens zu diesem Küstenstrich paßte. Aber keiner von uns lachte. Ohne eigentlichen Grund setzten wir unseren Weg schweigend fort.

„Laß uns hier umkehren."

Als M. das sagte, überquerten wir einen windigen, menschenleeren Strand, ohne daß ich Notiz davon genommen hatte. Um uns war es so hell, daß man auf dem weiten Sand sogar die Spuren von Regenpfeifern undeutlich noch erkennen konnte. Doch soweit das Auge reichte, versank die See bereits in finsterer Dämmerung, einen Streifen Gischt am Strand hinterlassend, der sich in der Ferne zu einem Bogen krümmte.

„Also dann, auf Wiedersehen."

„Lebt wohl!"

Nachdem wir uns von H. und N. verabschiedet hatten, kehrten wir, ohne uns sonderlich zu beeilen, über den kühlen Strand zurück. Außer dem Rauschen der Brandung hörten wir immer wieder hell und klar den Gesang einer Zikade. Sie sang in einem Kieferngehölz in mindestens dreihundert Meter Entfernung.

„He, M.!"

Ohne es bemerkt zu haben, war ich fünf, sechs Schritte hinter M. zurückgefallen.

„Was ist?"

„Sollen wir heimfahren nach Tōkyō?"

„Ja, das wäre nicht das Schlechteste", sagte M. und begann, unbeschwert *It's a long, long way to Tipperary* zu pfeifen.

(Niederschrift am 7.8.1925)

(Umi no hotori)

Ein Tag zu Jahresende

... Ich ging an einem einsamen, von Büschen und Bäumen bewachsenen Steilhang entlang. Unterhalb davon lag ein Sumpf, in dessen Ufernähe zwei Wasservögel schwammen. Ihre Farbe erinnerte an von dünnen Moosflechten überzogene Steine. An sich fand ich diese Wasservögel nicht besonders ungewöhnlich, allerdings war es mir unheimlich, wie ihr Gefieder leuchtete. –

Ein klapperndes Geräusch weckte mich aus diesem Traum. Offenbar kam es von der Glastür des Gästezimmers, das im rechten Winkel an das Arbeitszimmer angrenzte. Ich war während der Arbeit für die Neujahrsnummern auf dem Bett im Arbeitszimmer eingeschlafen. Mit allen drei Texten, die ich drei Zeitschriftenverlagen zugesagt hatte, war ich unzufrieden, aber ich hatte jedenfalls die letzten Arbeiten vor Tagesanbruch erledigt.

Auf dem Papier der Schiebetüren am Fuße des Bettes zeichnete sich flackernd der Schatten von Bambus ab. Ich gab mir einen Ruck, stand auf und ging zunächst zur Toilette. In letzter Zeit war es nicht vorgekommen, daß beim Pinkeln so viel Wasserdampf aufgestiegen war. Ich stand vor dem Becken und dachte: *Heute ist es tatsächlicher noch kälter als sonst.*

Meine Tante und meine Frau polierten geschäftig die Verandaglastür des Gästezimmers, das war das klappernde Geräusch gewesen. Meine Tante, die die halblangen Ärmel ihres Überwurfs mit Ärmelbändern hochgebunden hatte, wrang den Lappen im Eimer aus und sagte ein wenig spöttisch zu mir: „Du, es ist schon zwölf Uhr!" Tatsächlich, es war zwölf Uhr. Im Wohnzimmer auf der anderen Seite des Flures waren vor dem großen alten Kohlebecken bereits die Vorbereitungen für das Mittagessen abgeschlossen worden, ohne daß ich es bemerkt hatte. Nun fütterte meine Frau unseren zweiten Sohn Takashi mit Milch und Toast. In der morgendlichen Stimmung, in der ich mich befand, ging ich aus Gewohnheit in die leere Küche, um mir das Gesicht zu waschen.

Nach dem Frühstück, das zugleich mein Mittagessen war, ging ich in mein Arbeitszimmer, setzte mich an den Kotatsu und las in verschiedenen Zeitungen. In den Artikeln ging es ausschließlich um die Jahresendgratifikationen der Firmen oder den Verkauf von Federballschlägern, was nicht geeignet war, meine Stimmung aufzuheitern. Wenn ich eine Arbeit beendet habe, fühle ich mich immer seltsam matt und wie in der Erschöpfung nach dem Geschlechtsverkehr zu nichts imstande.

Gegen zwei Uhr kam K. Ich führte ihn an den Kotatsu, und wir erledigten zunächst einige geschäftliche Angelegenheiten. K., der einen gestreiften Anzug trug, war ursprünglich Korrespondent in Mukden gewesen und nun als Reporter am Stammsitz seiner Zeitung angestellt.

„Wie wär's? Wenn Sie Zeit hätten, könnten wir nach draußen gehen?"

Nachdem wir das Geschäftliche erledigt hatten, hielt es mich nicht mehr im Haus. K. antwortete zurückhaltend:

„Ja, bis vier Uhr hätte ich schon Zeit … Haben Sie denn ein bestimmtes Ziel?"

„Nein, wohin ist mir gleich."

„Könnten wir heute nicht zum Grab gehen?"

Mit „Grab" meinte er das Grab von Natsume Sōseki. K. war ein leidenschaftlicher Leser Sōsekis, schon vor einem halben Jahr hatte ich versprochen, ihm das Grab zu zeigen. Eine Grabvisite gegen Ende des Jahres – das paßte zu meiner Stimmung.

„Gut, gehen wir zum Grab," sagte ich, zog mir sofort einen Mantel über und verließ mit K. das Haus.

Der Himmel war klar, es war entsprechend kalt. Im geschäftigen Hin und Her des engen Dōzaka-Viertels schienen noch mehr Menschen unterwegs zu sein als gewöhnlich. An eine Holzbaracke, die die Aufschrift *Jugendgruppe von Tabata* trug, waren Kiefernzweige und dicke Bambusschäfte angelehnt, wie man sie zu Neujahr vor den Toren aufstellt. Als ich durch die Straßen ging, lebte ein wenig die Stimmung der letzten Wochen eines Jahres in mir auf, wie ich sie aus meiner Jugend kannte.

Nachdem wir kurze Zeit gewartet hatten, stiegen wir in die Straßenbahn zum Tempel Gokokuji, die relativ leer war. K., der den Kragen seines Mantels hochgestellt hatte, erzählte mir, wie es ihm vor kurzem nach vielen Mühen gelungen war, ein Gedichtblatt Sōsekis zu erwerben.

Wir hatten gerade die Haltestelle Fujimae passiert, als plötzlich eine der Glühbirnen der Straßenbahn herabfiel und in Scherben zersprang. An der Stelle stand eine unansehnlich gekleidete, etwa fünfundzwanzigjährige Frau mit groben Gesichtszügen, die in der einen Hand ein großes Paket hielt und sich mit der anderen am Halteriemen festklammerte. Als die Glühbirne zu Boden fiel, mußte sie ihr Stirnhaar gestreift haben. Sie verzog das Gesicht und starrte die Mitfahrenden an, zweifellos um deren Mitgefühl oder zumindest ihre Aufmerksamkeit zu wecken. Doch als hätten sie es miteinander abgesprochen, verhielten sich alle vollkommen gleichgültig. Ich unterhielt mich mit K. und fand das enttäuschte Gesicht der Frau eher traurig als komisch.

An der Endhaltestelle stiegen wir aus der Straßenbahn und gingen zum Friedhof von Zōshigaya, vorbei an Läden, die zum Neujahrsfest geschmückt waren.

Der Friedhof, dessen Ginkgo-Bäume vollständig ihre Blätter verloren hatten, war wie immer totenstill. Selbst auf dem breiten Kiesweg, der mitten hindurch führte, sah man nirgends einen Menschen beim Grabbesuch. Ich ging vor K. her und bog nach rechts in einen schmalen Weg ein, an dem sich kleine und große Gräber befanden, die von Hecken oder rostigen Eisenzäunen umgeben waren. Aber wie weit wir auch gingen, das Grab Sōsekis fanden wir nicht.

„Vielleicht war's der Weg davor?"

„Ja, vielleicht."

Als wir den Weg zurückgingen, wurde mir bewußt, daß ich am neunten Dezember, dem Todestag Sōsekis, meistens mit den Beiträgen für die Neujahrsausgaben beschäftigt gewesen war und deshalb nur sehr selten sein Grab besucht hatte. Doch obwohl ich nicht häufig hingegangen war, konnte ich es kaum fassen, daß ich die Grabstelle nicht fand.

Auch am nächsten, etwas breiteren Weg war das Grab nicht. Anstatt wieder zurückzugehen, bogen wir nun zwischen den Hecken nach links ab, aber auch hier konnten wir es nicht finden. Ich fand nicht einmal die Parzellen ohne Gräber wieder, an die ich mich erinnerte.

„Weit und breit niemand, den man fragen könnte; was machen wir bloß?"

Ich hörte aus K.s Worten deutlich einen gewissen Spott heraus, doch da ich versprochen hatte, ihm das Grab zu zeigen, konnte ich es ihm kaum verübeln.

Uns blieb nichts anderes übrig, als uns an einem großen Ginkgo-Baum zu orientieren und von neuem in einen Seitenweg einzubiegen, doch auch hier befand sich das Grab nicht. Ich war nun völlig aufgebracht, aber auf dem Grunde meiner Aufgebrachtheit verbarg sich ein seltsames Gefühl der Verlorenheit. Plötzlich spürte ich die Wärme meines Körpers im Mantel, und mir wurde klar, daß ich dieses Gefühl von früher her kannte; ich hatte ebenso empfunden, als ich als Kind von einem Raufbold schikaniert worden war, die Zähne zusammenbiß und ohne zu weinen nach Hause ging.

Wir liefen noch etliche Male dieselben Wege hin und her, dann fragte ich eine Frau, die alte Zweige verbrannte, und erfuhr von ihr den Weg; endlich konnte ich K. an das Grab des großen Sōseki führen.

Das Grab war weit verwitterter als beim letzten Mal, zudem war die Erde um das Grab durch den Frost aufgerissen. Mit anderen Worten, abgesehen von den wohl als Grabgaben zum neunten Dezember aufgestellten Winterchrysanthemen und Nandinen-Sträußen machte es einen ungepflegten Eindruck. K. zog förmlich seinen Mantel aus und verneigte sich höflich zum Grab hin, doch ich besaß beim besten Willen nicht die Selbstbeherrschung, um mich nach dem langen Suchen kaltblütig vor dem Grab zu verneigen.

„Wieviele Jahre ist es schon her?"

„Genau neun Jahre."

Als wir diese Worte wechselten, waren wir auf dem Weg zurück zur Endhaltestelle am Gokokuji.

Ich stieg mit K. in die Straßenbahn und in Fujimae alleine aus. Dann besuchte ich einen Freund in der Tōyō-Bunko-Bibliothek und kehrte in der Abenddämmerung nach Dōzaka zurück.

Dort herrschte zu dieser Zeit ein noch größeres Gedränge als zuvor, hinter dem Kōshin-Schrein nahm die Menschenmenge allerdings allmählich ab. Ich war vollends teilnahmslos geworden und starrte nur noch vor mich hin, als ich die ansteigende Straße hinaufstieg.

Hinter dem Friedhof unterhalb der Hachiman-Steige stand ein Mann mit einem Wagen, er hatte die Hände auf die Deichsel gelegt und ruhte sich aus. Ich warf einen Blick auf den Wagen; er ähnelte einem Fleischereiwagen. Doch als ich nähertrat, las ich zu meiner Verblüffung die seitliche Aufschrift: *Tōkyō Plazenta GmbH*. Ich gab dem Mann von hinten Bescheid und schob den Wagen mit aller Kraft an. Ich ekelte mich ein wenig dabei, aber ich hatte zugleich das Gefühl, in der puren Kraftanstrengung liege meine Rettung.

Immer wieder fegte der Nordwind von der Höhe her den langen Abhang herab und ließ die kahlen Äste der Bäume auf dem Friedhof laut ächzen. Ich war merkwürdig aufgeregt im Zwielicht des Abends und schob den Wagen mit all meiner Kraft weiter, ganz als ob ich mit mir selbst kämpfte …

(Niederschrift am 8.12.1925)

(Nenmatsu no ichinichi)

DER FÄCHER VON HUNAN

Sieht man einmal ab von der aus der Provinz Kanton stammenden Gruppe um Sun Yatsen, so kamen alle herausragenden Revolutionäre Chinas – wie Huang Xing, Cai E oder Song Jiaoren – aus Hunan. Natürlich hing das mit den Reformen Zeng Guofans und Zhang Zhidongs zusammen, doch diesen Reformen lag die unbeugsame Willenskraft der Bevölkerung von Hunan zugrunde. Als ich durch Hunan reiste, erlebte ich zufällig die folgende, romanhafte Episode. Vielleicht verdeutlicht auch sie den leidenschaftlichen Stolz der Menschen von Hunan …

*****

Es war gegen vier Uhr am Nachmittag des 16. Mai 1921, ich befand mich an Bord der *Yuan Jiang*, die sich der Anlegestelle von Changsha näherte.

Ich lehnte bereits seit einigen Minuten an der Reling auf Deck und betrachtete die Hauptstadt von Hunan, der wir backbords langsam näherkamen. Die geweißelten Mauern und Ziegeldächer Changshas, die sich unter finsteren Wolkenbänken hangaufwärts zogen, wirkten noch schäbiger, als ich erwartet hatte. Lediglich die Umgebung der schmalen Anlegestelle unterschied sich kaum vom Ufer in Iidabashi, zumal man dort neue Backsteingebäude im westlichen Stil und grünende Weidenbäume erblickte. Die meisten Städte entlang des Yangtzekiang hatten meine Erwartungen damals nicht erfüllt, weswegen ich bereits darauf gefaßt gewesen war, daß es auch in Changsha nichts als Schweine zu sehen geben würde, aber von dieser Schäbigkeit war ich doch fast enttäuscht.

Mit einer gewissen Schicksalsergebenheit näherte sich die *Yuan Jiang* allmählich dem Hafendamm, bis uns nur noch ein schmaler blauer Streifen des Xiang Jiang-Flusses vom Ufer trennte. Da sprang ein schmutziger Chinese, er hatte einen Korb umhängen, plötzlich direkt vor meinen Augen hinüber zur Anlegestelle. Dieses Kunststück erinnerte wahrhaftig an eine Heuschrecke, doch ich war aus dem Staunen noch nicht heraus, da setzten schon andere mit geschickten Sprüngen über das Wasser, diesmal hielten sie Tragstangen in den Händen. Nacheinander sprangen zwei, fünf, acht Mann – dann wimmelte es unterhalb von mir bereits von Chinesen, die in rascher Folge auf den Kai gesprungen waren, ehe das Schiff wuchtig aufragend vor den Backsteingebäuden und den Weidenbäumen anlegte.

Schließlich entfernte ich mich von der Reling und hielt Ausschau nach B. aus meiner „Firma". Er lebte seit sechs Jahren in Changsha und hätte an diesem Tage zum Hafen kommen sollen, um die *Yuan Jiang* zu erwarten. Doch ich konnte einfach niemanden entdecken, der ihm ähnlich gesehen hätte. Es stiegen ausschließlich Chinesen jeden Alters die Landungsbrücke auf und ab und drängelten einander unter allgemeinem Geschrei hin und her. Meine besondere Aufmerksamkeit erregte ein älterer Herr, der die Brücke hinabstieg und dabei auf einen Kuli einprügelte, der ihm folgte. Wenn ich heute zurückdenke, waren Anblicke dieser Art in Changsha alles andere als ungewöhnlich, allerdings bin ich nicht gerade dankbar dafür, daß meine Augen sich daran gewöhnen mußten.

Allmählich wurde ich ungeduldig, lehnte mich wieder an die Reling und überblickte von neuem die Anlegestelle, wo die Menschenmenge hin und her wogte. Ich konnte jedoch weder B. entdecken, auf den es mir ankam, noch einen anderen Japaner. Allerdings fiel mein Blick auf eine schöne Chinesin – sie stand hinter dem Hafendamm, unter den grünenden Weidenbäumen. Sie war eine sehr kindliche Frau, zu einem hellblauen Sommerkleid trug sie ein Medaillon. Das allein hätte meinen Blick vermutlich nicht auf sie gelenkt, doch sie sah zum hohen Schiffsdeck empor, ihre dunkel geschminkten Lippen umspielte ein Lächeln, und wie zur Begrüßung hielt sie ihren halb geöffneten Fächer hoch …

„He, du!"

Überrascht drehte ich mich um. Ohne daß ich ihn bemerkt hatte, stand ein Chinese hinter mir, er trug einen dunkelgrauen, langen

Kimono und strahlte über das ganze Gesicht. Im ersten Moment wußte ich nicht, wen ich vor mir hatte, doch seine Gesichtszüge – vor allem die schmalen Augenbrauen – erinnerten mich schnell an einen alten Bekannten.

„Was denn, du hier? Stimmt, du stammst aus Hunan!"

„Ja, ich habe hier eine Praxis eröffnet."

Tan Yongnian war ein Talent unter den ausländischen Stipendiaten gewesen, die zu den Erstsemestern meines Jahrgangs an der Medizinischen Fakultät der Tōkyō-Universität gehört hatten.

„Du willst wohl jemanden abholen?"

„Ja – und wer könnte das wohl sein?"

„Du wirst doch nicht mich meinen?"

Tan biß sich kurz auf die Lippen, dann lachte er fast wie ein Possenreißer.

„Aber sicher bin ich deinetwegen hier! B. leidet seit fünf, sechs Tagen an einem Malariaanfall."

„Dann hat er dich darum gebeten?"

„Ich wäre auch ungebeten gekommen."

Ich erinnerte mich aus früheren Zeiten an Tans liebenswürdiges Wesen. Während unserer gemeinsamen Zeit im Studentenwohnheim hatte er niemanden gegen sich aufgebracht. Zwar geriet er unter uns ein wenig in Verruf, doch wie mein Zimmergenosse Kikuchi Hiroshi einmal treffend sagte: *Er geht einem auf die Nerven, ohne daß man es ihm letztenes Endes wirklich verübeln könnte ...*

„Ich möchte dir aber nicht zur Last fallen. Um ehrlich zu sein, habe ich die Frage meiner Unterkunft völlig B. überlassen ..."

„Das habe ich im Japanischen Klub besprochen. Es steht dir frei, einen halben oder sogar einen ganzen Monat lang zu bleiben."

„Einen ganzen Monat? Mach keine Scherze, drei Nächte würden mir genügen."

Tans Gesicht wirkte plötzlich eher verdrossen als überrascht.

„Du willst nur drei Nächte bleiben?"

„Nun, es sei denn, es gäbe etwas besonderes zu sehen, eine Hinrichtung von Banditen etwa ..." antwortete ich und erwartete, daß Tan Yongnian ein schiefes Gesicht machen würde, da er durch und durch ein Kind Changshas war. Doch sein Gesichtsausdruck wurde wieder freundlich wie zuvor, und er erwiderte völlig unbefangen:

„Oh, wärst du doch eine Woche früher gekommen! Du siehst doch das unbebaute Grundstück dort?"

Er deutete auf einen Platz vor den Backsteingebäuden – genau vor den grünenden Weidenbäumen. Die schöne Chinesin, die kurz zuvor dort gestanden hatte, war allerdings verschwunden.

„Dort wurden kürzlich fünf Mann enthauptet, da wo der Hund läuft ..."

„Welch ein Jammer, daß ich das verpaßt habe."

„In Japan bekommt man nicht einmal eine Hinrichtung zu sehen!"

Tan lachte aus vollem Hals, dann wurde er für einen Moment ernst, ehe er ganz beiläufig das Thema wechselte:

„Nun, wollen wir allmählich gehen? Ich habe einen Wagen warten lassen."

*****

Zwei Tage danach, am Nachmittag des Achtzehnten, fuhr ich auf Tans wärmste Empfehlung hin mit ihm nach Yu Lu am gegenüberliegenden Ufer des Xiang Jiang-Flusses, um den Lu Shan-Tempel und den Aiwan-Pavillon zu besichtigen.

Das Motorboot, das wir gemietet hatten, tuckerte etwa zwei Stunden lang auf dem Xiang Jiang, zu unserer Linken lag das Flußdelta, das von dort ansässigen Japanern *Naka-no-shima* genannt wird. Es hatte wolkenlos aufgeklart, die Landschaft an beiden Ufern leuchtete hell in der Maisonne. Auch Changsha, das sich zu unserer Rechten erstreckte, wirkte mit seinen nunmehr leuchtenden weißen Mauern und geziegelten Dächern nicht mehr so düster wie noch am Vortag. Ganz zu schweigen von den freundlichen Inseln des Deltas, die dicht mit Zitronenbäumen bestanden und von langen steinernen Wällen umgeben waren, durch deren Lücken man hier und da ansehnliche westliche Häuser erblicken konnte und strahlend bunte Wäschestücke, die an Leinen zum Trocknen hingen.

Tan hielt es für notwendig, dem jungen Bootsführer Anweisungen zu geben und bezog daher Stellung am Bug, doch statt dem Mann Anweisungen zu erteilen, redete er pausenlos auf mich ein.

„Dort drüben ist das japanische Konsulat … Hier, nimm doch das Opernglas … Dort rechts siehst du die Japanisch-Chinesische Dampfschiffahrtsgesellschaft."

Ich hatte einen Arm aus dem Boot gehängt, rauchte eine Zigarre und genoß es, wie die Wellen des Xiang Jiang hin und wieder an meine Fingerspitzen schlugen. Mir dröhnten die Ohren von Tans Wortschwall, aber es hatte durchaus seinen Reiz, seinen Hinweisen folgend den Blick über die Uferlandschaft schweifen zu lassen.

„Dieses Delta wird *Zitronendelta* genannt …"

„Oh, da schreit ein Milan."

„Ein Milan? … Ja, es gibt hier sehr viele Milane. Als damals die Kämpfe zwischen Zhang Ji und Tan Yankai stattfanden, kamen etliche Leichen von Zhangs Anhängern den Fluß herabgetrieben. Dann stürzten sich immer mehrere Milane zugleich auf eine Leiche …"

Als Tan das sagte, fuhr ein Motorboot in vielleicht zehn Metern Entfernung an uns vorüber. An Bord befanden sich einige chinesisch gekleidete junge Männer, aber auch ein paar farbenprächtig gewandete, schöne Chinesinnen. Allerdings war mein Blick eher von der rasanten Geschwindigkeit gebannt, mit der das Boot durch die Wellen pflügte, als von den Schönheiten. Tan jedoch stockte, als er das Boot wahrnahm, und reichte mir das Opernglas so hastig, als hätte er einen Feind gesichtet.

„Sieh dir die Frau an! Die Frau, die am Heck sitzt!"

Wenn mich jemand drängelt, begegne ich ihm mit sämtlichen Varianten meiner angeborenen Sturheit. Zudem war mein Hemdsärmel bis hin zu den Manschetten naß geworden, als die Wellen vom anderen Boot an unsere Bootswand schlugen.

„Wieso?"

„Frag doch nicht, sieh sie dir an!"

„Ist sie schön?"

„Und ob! Eine Schönheit!"

Das Motorboot hatte sich inzwischen fast zwanzig Meter von uns entfernt, endlich drehte ich mich um und stellte das Opernglas auf die Entfernung ein. Zugleich kam mir dieses Boot plötzlich wie eine Sinnestäuschung vor, die sich schlagartig in Luft aufzulösen schien. In dem runden Bildausschnitt sah ich „die Frau" im Profil, sie schien jemandem zuzuhören, manchmal huschte ein Lächeln über ihr Gesicht. Ich konnte ihrem breiten, eckigen Gesicht keine besondere Schönheit abgewinnen, wenn man von ihren großen Augen absah. Allerdings war es auch aus der Ferne hübsch anzusehen, wie ihr Stirnhaar und ihr helles Sommerkleid in der Flußbrise flatterten.

„Konntest du sie sehen?"

„Ja, jede einzelne Wimper konnte ich unterscheiden. Besonders schön ist sie allerdings nicht."

Ich wandte mich wieder Tan zu, der irgendwie stolz wirkte.

„Was hat es denn auf sich mit der Frau?"

Im Gegensatz zu seiner üblichen Geschwätzigkeit zündete sich Tan erst einmal in aller Gelassenheit eine Zigarette an und stellte dann eine Gegenfrage:

„Erinnerst du dich an unser Gespräch über die fünf Banditen, die auf dem Platz vor der Anlegestelle enthauptet wurden?"

„Ja, ich erinnere mich."

„Der Anführer der Bande hieß Huang Liuyi – der Kerl wurde ebenfalls enthauptet. Er war der verrufenste Schurke von ganz Hunan, es hieß, er könne mit einem Gewehr in der Rechten und einer Pistole in der Linken zwei Gegner gleichzeitig erschießen …"

Tan ging unverzüglich dazu über, mir die Verbrechen dieses Huang Liuyi zu schildern. Die Geschichten waren offenbar Zeitungsartikeln nacherzählt, allerdings waren sie eher pittoresk als blutrünstig. So erzählte er, daß Huang von den gewöhnlichen Gaunern *Meister Huang* genannt wurde, dann die Geschichte, wie er Kaufleuten in Xiang Tan dreitausend Yuan raubte, weiter, wie er mit seinem am Oberschenkel angeschossenen Komplizen Fan Aqi auf dem Rücken den Lu Lintan-Fluß durchschwamm, ferner, wie er auf einem Bergweg in Yue Zhou zwölf Soldaten niederschoß – Tan erzählte in einem fort mit einer derartigen Begeisterung, daß ich mich zu fragen begann, ob er diesen Huang womöglich bewunderte.

„Jedenfalls soll der Kerl einhundertsiebzehn Fälle von Mord und Raub auf dem Gewissen haben."

Mit Anmerkungen dieser Art leitete er von einer Geschichte zur nächsten über. Ich habe natürlich überhaupt nichts gegen Banditen, solange sie mir persönlich keinen Schaden zufügen. Diese Räuberpistolen, die sich kaum voneinander unterschieden, begannen mich aber ein wenig zu langweilen.

„Was ist denn nun mit der Frau?"

Tan grinste und gab genau die Antwort, die ich insgeheim erwartet hatte.

„Sie war Huangs Geliebte!"

Nach seinen Ausführungen konnte mich das kaum noch verwundern, doch keine Miene zu verziehen und stumm auf meiner Zigarre zu kauen fand ich auch unpassend.

„Hm, Banditen haben ihren Charme."

„Ach was, damit ist es bei einem wie Huang nicht weit her. Aber dieser größte Halunke der späten Qing-Zeit brachte es auf Einnahmen von mehr als zehntausend Yuan im Monat. Er ließ sich das prächtigste westliche Haus errichten, das außerhalb von Shanghais Ausländerviertel steht. Versteht sich, daß er eine schöne Frau hatte, und schöne Geliebte obendrein …"

„Dann ist die Frau wohl eine Geisha?"

„Ja, eine Geisha namens Yu Lan, die zu Huangs Lebzeiten auf ihre Art einen großen Einfluß ausgeübt hat …"

Tan schwieg einige Augenblicke und machte den Eindruck, daß ihm etwas eingefallen war, danach umspielte ein schmales Lächeln seine Lippen. Doch dann warf er seine Zigarette weg und sagte ernst:

„In Yu Lu gibt es eine Oberschule, das Ingenieur-Kolleg von Hunan, wollen wir dort zuerst vorbeischauen?"

„Warum nicht, meinetwegen."

Ich gab eine unentschlossene Antwort, denn bereits am Morgen des Vortages, als wir eine Mädchenoberschule besuchten, hatte mir die unerwartet heftige antijapanische Atmosphäre Unbehagen bereitet. Doch ungeachtet meiner Stimmung umschiffte unser Boot in weiten Bögen die Sandbänke von *Naka-no-shima* und kam Yu Lu auf dem leuchtend blauen Wasser immer näher.

*****

Am Abend des gleichen Tages stiegen Tan und ich die Treppe zu einem Geisha-Etablissement hinauf.

Im Obergeschoß betraten wir ein Zimmer, das sich kaum von derartigen Etablissements in Shanghai oder Hangzhou unterschied – es stand ein Tisch in der Mitte, es gab Stühle, einen Spucknapf und einen Kleiderschrank. Doch in einer Zimmerecke, neben dem Fenster, hing von der Decke ein Vogelkäfig aus Draht herab, in dem sich zwei Eichhörnchen befanden, die immer wieder lautlos an einem Ast auf und ab kletterten. Im Zusammenspiel mit den roten Gaze-Vorhängen am Fenster und an der Tür verlieh dieser Eichhörnchenkäfig dem Zimmer etwas Kurioses, doch in meinen Augen auch etwas Schauriges.

Dort empfing uns die dickliche Madame des Etablissements, auf die Tan ohne Umschweife einzureden begann. Sie – die Liebenswürdigkeit in Person – antwortete ihm beflissen, aber ich verstand kein Wort von ihrem Gespräch. (Das lag natürlich daran, daß ich kein Chinesisch kann, doch der in Changsha gesprochene Dialekt dürfte auch für jemanden, der das offizielle Peking-Mandarin beherrscht, alles andere als einfach zu verstehen sein.)

Nachdem Tan mit ihr gesprochen hatte, nahm er am großen Mahagoni-Tisch gegenüber von mir Platz. Die Madame brachte die in solchen Etablissements übliche Tafel mit den verschiebbaren Namen der Geishas, und Tan begann, die Gewünschten aufzulisten. Zhang Xiang E, Wang Qiaoyun, Han Fang, Zui Yuelou, Ai Yuanyuan – für mich als Fremden schien jeder dieser Namen zur Heldin eines chinesischen Romans zu passen.

„Wollen wir auch Yu Lan kommen lassen?"

Ich wollte antworten, zog aber unglücklicherweise gerade an einer Zigarette, welche die Madame mir anzündete. Tan warf mir über den Tisch hinweg nur einen kurzen Blick zu und fuhr offensichtlich unbekümmert mit dem Auflisten fort.

Schwungvoll betrat eine Geisha das Zimmer, sie trug eine Brille mit schmalem Goldrand, ihr volles Gesicht strahlte vor Gesundheit. An ihrem weißen Sommerkleid funkelten Edelsteine, und ihr Körperbau ließ vermuten, daß sie regelmäßig Tennis spielte oder Schwimmen ging. Ich fühlte mich von ihrer Erscheinung weder angezogen noch abgestoßen, fand sie weder sympathisch noch unsympathisch; vielmehr verkörperte sie für mein Empfinden einen grotesk scharfen Kontrast, denn sie paßte wahrhaftig nicht in die Atmosphäre des Zimmers – am wenigsten zu den Eichhörnchen im Käfig.

Nach einer kurzen Verneigung tänzelte sie auf Tan zu. Als sie neben ihm saß, legte sie ihm eine Hand aufs Knie und redete in einem melodischen Singsang auf ihn ein. Tan gab – selbstredend – mit stolzer Miene kurze Kommentare dazu.

„Sie ist eine Geisha namens Lin Daijiao, die hier beschäftigt ist," sagte Tan, und mir fiel unwillkürlich ein, daß er einer der wenigen reichen Erben Changshas war.

Etwa zehn Minuten später, wir saßen uns nach wie vor gegenüber, machten wir uns über ein reichliches Abendessen im Stile der Sichuan-Küche her, das aus Pilzen, Huhn und Chinakohl bestand. Zu Lin Daijiao hatte sich bereits eine ganze Anzahl Geishas gesellt, die uns umringten. Mehr noch, im Hintergrund hatten sich fünf oder sechs Männer, die flache Mützen trugen, mit chinesischen Streichinstrumenten aufgestellt. Manchmal setzten sich Geishas hinzu und stimmten zur instrumentalen Begleitung einen schrillen Gesang an. Ich fand das nicht unbedingt uninteressant, doch weit mehr als für die chinesischen Volkslieder interessierte ich mich für die Geisha, die links von mir saß.

Zu meiner Linken saß die schöne Chinesin, auf die ich zwei Tage zuvor vom Deck der *Yuan Jiang* aus einen kurzen Blick geworfen hatte. Sie trug auch jetzt ein Medaillon zu ihrem hellblauen Sommerkleid. Aus nächster Nähe betrachtet besaß sie zwar eine gewisse kränkliche Zartheit, aber entgegen meiner Erwartung war nichts Unschuldiges an ihr. Als ich sie im Profil betrachtete, war ich plötzlich an eine kleine Knolle erinnert, die an einem schattigen Flecken Erde sprießt.

„Du, neben dir,“ – auf Tans Gesicht, das vom Reiswein gerötet war, spielte ein zutrauliches Lächeln, als er mich über den Berg von Garnelen auf seinem Teller hinweg plötzlich ansprach – „das ist Han Fang!“

Als ich ihn ansah, verging mir irgendwie die Lust, ihm die Episode von zwei Tagen zuvor zu offenbaren.

„Sie hat einen netten Akzent, das ‚R‘ klingt wie bei einer Französin.“

„Ja, weil sie aus Peking kommt.“

Daß wir über sie sprachen, war offenbar auch Han Fang nicht entgangen. Sie wechselte hastig Fragen und Antworten mit Tan und warf mir immer wieder kurze Blicke zu, doch ich blieb stumm und beobachtete nur die Mimik der beiden.

„Sie hat gefragt, wann du in Changsha angekommen bist, und als ich ihr mitteilte, daß du vor zwei Tagen kamst, sagte sie, daß sie ebenfalls an dem Tag an der Anlegestelle war, um jemanden abzuholen.“

Nachdem Tan mir übersetzt hatte, redete er wieder auf Han Fang ein, doch sie lächelte nur und schüttelte kindlich den Kopf.

„Sie will einfach nicht damit herausrücken! Ich habe sie gefragt, wen sie dort abholen wollte.“

Da zeigte Tan plötzlich mit einer von Lin Daijiaos Zigaretten auf Han Fang und warf ihr spöttisch eine Bemerkung zu. Sie wirkte erstaunt, plötzlich lag ihre Hand auf meinem Knie. Doch dann lächelte sie kurz und gab ihm unverzüglich eine knappe Erwiderung.

Dieses Schauspiel machte mich natürlich neugierig – beziehungsweise, die offenbar ungewöhnlich tiefe Abneigung zwischen den beiden, die dahinter steckte.

„Was hat sie gesagt?“

„Es habe sich nur um ihre Mutter gehandelt. Ach was, vermutlich ging es um den Empfang eines Professors, der sich derzeit hier aufhält, oder des hiesigen Schauspielers X.“ (Leider war es mir nicht möglich, den Namen zu notieren.)

„Ihre Mutter?“

„Damit ist natürlich ihre Stiefmutter gemeint, also die Madame des Hauses, in dem sie und Yu Lan beschäftigt sind."

Nachdem er meine Fragen beantwortet hatte, stürzte Tan noch einen Becher Reiswein hinunter, dann begann er plötzlich wortreich zu erzählen. Außer einzelnen Fetzen verstand ich nichts, doch da die Geishas und die Madame ihm gespannt lauschten, schien seine Rede nicht uninteressant zu sein. Da ich zudem bemerkte, daß sie mir immer wieder Blicke zuwarfen, stand sie offenbar in einem gewissen Zusammenhang mit mir. Ich rauchte äußerlich gelassen eine Zigarette, wurde aber immer gereizter.

„Sag mal, was hast du eigentlich erzählt?"

„Nun, daß wir Yu Lan heute auf dem Weg nach Yu Lu begegnet sind. Und dann," – Tan leckte sich die Oberlippe und wurde noch heiterer als zuvor – „dann habe ich erzählt, daß du eine Hinrichtung sehen wolltest."

„Ach, das ist doch uninteressant."

Seine Erklärung bekümmerte mich nicht sonderlich – weder wegen Yu Lan, die ohnehin noch nicht erschienen war, noch wegen Han Fang. Doch als ich diese anblickte, wurde mir klar, in welcher Stimmung sie sich befand. Ihre Ohrringe zitterten, auf ihren Knien unter dem Tisch zerknüllte sie ihr Taschentuch.

„Findest du das hier auch uninteressant?"

Tan nahm aus den Händen der Madame, die hinter ihn getreten war, einen kleinen Umschlag in Empfang und öffnete triumphierend das Papier. Ein merkwürdiger Gegenstand kam zum Vorschein, etwa von der Größe eines Reiskuchens, von einer dunkelbraunen, eingetrockneten Farbe durchzogen.

„Was ist denn das?"

„Was das ist? Eigentlich nur ein Keks ... Wir sprachen doch über den Banditenführer Huang Liuyi, nicht wahr? Dieser Keks wurde in das Blut seines abgeschlagenen Kopfes getaucht. *Das* bekommt man in Japan wirklich nicht zu sehen!"

„Was macht man damit?"

„Was man damit macht? Man ißt ihn, was denn sonst. In dieser Gegend glaubt man noch daran, daß man dann bei bester Gesundheit bleibt."

Freundlich lächelnd verabschiedete Tan ein paar Geishas, die zu diesem Zeitpunkt den Tisch verließen. Doch als er sah, daß auch Han Fang sich erhob, redete er lachend und beinahe verständnisheischend auf sie ein, ergriff schließlich ihre Hand und deutete auf mich. Nach einem kurzem Zögern huschte ein flüchtiges Lächeln über ihre Lippen und sie nahm wieder Platz. Sie tat mir sehr leid, weshalb ich verstohlen ihre Hand nahm.

„Genau diese Art von Aberglauben ist verantwortlich für den erbärmlichen Zustand deiner Nation! Und aus ärztlicher Sicht ist er erst recht beschämend …"

„Diesen Aberglauben gibt es, weil es Hinrichtungen gibt. Auch in Japan ißt man das Hirn von Hingerichteten."

„Niemals!"

„Und ob! Ich habe es auch schon gegessen, in meiner Kindheit natürlich …"

Während unseres Wortwechsels hatte ich bemerkt, daß Yu Lan gekommen war. Sie sprach im Stehen mit der Madame, dann ließ sie sich neben Han Fang nieder.

Als Tan sie erblickte, ließ er mich außer acht und begann, sie mit Liebenswürdigkeiten zu überschütten. Sie war ein wenig schöner als bei Tageslicht, zumindest strahlten ihre gelackten Zähne prächtig, wenn sie lachte. Mich erinnerte diese Zahnreihe allerdings unwillkürlich an die Eichhörnchen, die in dem Vogelkäfig nahe dem Fenster mit den roten Gaze-Vorhängen noch immer unablässig auf und ab kletterten.

„Nun, wie wär's mit einem Stück?"

Tan zerbrach den Keks und zeigte mir die Teile, die in gleicher Weise durchfärbt waren.

„Unsinn!" lehnte ich selbstverständlich kopfschüttelnd ab. Er lachte lauthals und bot Lin Daijiao an seiner Seite ein Stück vom Keks an. Sie zog eine Grimasse und schob seine Hand beiseite. Er wiederholte den gleichen schlechten Scherz mit mehreren anderen Geishas, doch dann hielt er bereits Yu Lan das braune Stück hin, die unverändert lächelnd keine Regung zeigte.

Ich war versucht, einmal am Keks zu riechen.

„Laß mich auch mal sehen!"

„Gut, hier hast du eine Hälfte."

Fast wie ein Betrunkener warf mir Tan den halben Keks zu, den ich zwischen Schüsseln und Stäbchen suchen mußte. Doch als ich ihn endlich aufgelesen hatte, verging mir plötzlich die Lust, daran zu riechen, ich warf ihn wortlos unter den Tisch.

Da blickte Yu Lan Tan ins Gesicht, sie wechselten ein paar Sätze miteinander. Dann hob sie den Keks auf und redete hastig auf die Geishas ein, von denen sie angestarrt wurde.

„Soll ich übersetzen?" sagte Tan, der den Kopf auf den Tisch aufgestützt hatte, langsam und unverständlich lallend.

„Ja, bitte."

„Ja? Ich übersetze Wort für Wort: – *Ich bin glücklich, ich werde das Blut meines geliebten … Meisters Huang kosten …*"

Mein Körper erbebte von Han Fangs zitternder Hand auf meinem Knie.

„*Auch ihr würdet … Ihr würdet den Menschen, den ihr liebt …*"

Mitten in Tans Worten schob sich Yu Lan schon den Keks zwischen die schönen Zähne und begann zu kauen …

*****

Ich war drei Nächte geblieben, wie ich es vorgehabt hatte, und lehnte am Nachmittag des neunzehnten Mai gegen fünf Uhr wieder an der Reling auf Deck der *Yuan Jiang*, mit der ich gekommen war. Die geweißelten Mauern und Ziegeldächer Changshas, die sich hangaufwärts zogen, erschienen mir irgendwie unheimlich, was natürlich am allmählich hereinbrechenden abendlichen Zwielicht lag. Ich rauchte eine Zigarre und dachte hin und wieder an den liebenswürdigen Tan Yongnian, der mich allerdings aus irgendwelchen Gründen nicht zum Schiff begleitet hatte.

Es dürfte sieben Uhr oder halb Acht gewesen sein, als die *Yuan Jiang* ablegte. Nachdem ich gegessen hatte, machte ich mich daran, im schummrigen Lampenlicht meiner Kajüte die Kosten meines Aufenthalts zu berechnen. Ein Fächer lag vor mir, dessen rosafarbene Fransen vom kleinen Tisch herabhingen, sicherlich die vergessene Hinterlassenschaft von jemandem, der vor mir dort gewesen war. Ich machte mit einem Bleistift Notizen und sah dabei manchmal Tans Gesicht vor mir. Auch ich könnte nicht genau sagen, aus welchen Gründen er Yu Lan in diese Situation gebracht hatte. Über meine Ausgaben hingegen kann ich heute noch Auskunft geben – sie betrugen umgerechnet genau zwölf Yen und fürfzig Sen.

(Niederschrift im Dezember 1925)

(Konan no ōgi)

ALS ICH TOT WAR

… Ich kann aus Gewohnheit nicht einschlafen, ohne im Bett zu lesen, aber es kommt nicht einmal selten vor, daß ich auch nach etlichen Seiten noch nicht müde bin. Deshalb stehen an meinem Bett stets eine Leselampe und ein Glas mit Adalin-Pillen. Auch in dieser Nacht nahm ich wie immer ein paar Bücher mit unter das Moskitonetz und schaltete die Lampe ein.

„Wie spät ist es?" fragte meine Frau, die sich schon eine ganze Weile zuvor ins Nebenbett schlafen gelegt hatte, und blickte über die Schulter zu mir hinüber; unser kleines Kind schlief in ihrem Arm.

„Drei Uhr."

„Drei Uhr schon! Ich dachte, es sei erst gegen Eins."

Ich beließ es bei der Antwort auf ihre Frage und ging auf diese Bemerkung nicht ein.

„Laß mich in Ruhe! Sei still und schlaf!" ahmte sie meine Redeweise nach und lachte leise. Doch kurze Zeit später schlummerte sie bereits wieder, ihr Gesicht an den Kopf unseres Kindes geschmiegt.

Ich las in einem Buch mit dem Titel *Lektionen zur moralischen Wachsamkeit*, das Fabeln aus Japan, China und Indien enthielt, die ein buddhistischer Mönch im frühen achtzehnten Jahrhundert aufgezeichnet hatte. Allerdings waren die Geschichten selten interessant, geschweige denn originell. Ich las von den Beziehungen zwischen Herrscher und Untertan, Eltern und Kind, Mann und Frau und wurde allmählich müde. Schließlich schaltete ich die Lampe aus und schlief kurz danach ein.

Ich träumte, daß ich mit S. in brütender Hitze durch eine bedrückend enge, mit Kies bestreute Ladenstraße ging, in der von allen Läden die gleichen dunkelgelben Markisen herabhingen.

„Ich hätte es nicht für möglich gehalten, daß du schon sterben würdest!" sagte S. und wedelte sich mit einem Fächer Luft zu. Seine Redeweise ließ darauf schließen, daß er mich bemitleidete, ohne es offen zum Ausdruck bringen zu wollen.

„Dabei hatte es den Anschein, als hättest du noch ein langes Leben vor dir."

„Tatsächlich?"

„Alle waren der Meinung! Nun, du warst fünf Jahre jünger als ich," – S. zeigte es mit den Fingern – „also vierundreißig? Mit vierundreißig Jahren zu sterben …" – er verstummte plötzlich. Ich fand es nicht besonders schlimm, tot zu sein, gleichwohl war es mir ihm gegenüber ein wenig peinlich.

„Vermutlich wurdest du mitten aus der Arbeit gerissen?" fragte S. wiederum vorsichtig.

„Ja, ich hatte gerade einen Roman in Angriff genommen."

„Wie geht es deiner Frau?"

„Danke, gut. Auch den Kindern fehlte in letzter Zeit nichts."

„Das freut mich. Wie plötzlich doch alles vorbei sein kann …"

Ich sah S. an und hatte das starke Gefühl, daß es ihn angesichts meines Ablebens beglückte, noch am Leben zu sein. Offenbar spürte er in diesem Moment, was in mir vorging, denn er machte einen gekränkten Eindruck und schwieg.

Wir gingen eine kurze Weile wortlos weiter, dann blieb S. vor einer großen Konservenhandlung stehen und schützte sich mit seinem Fächer vor der Sonne.

„Ich muß mich hier verabschieden."

Im schummrig beleuchteten Geschäft stand eine Anzahl von Töpfen mit weißen Chrysanthemen. Ich warf einen kurzen Blick auf den Laden und dachte: *Ach ja, im Elternhaus von S. befand sich eine Aokidō-Filiale.*

„Wohnst du nun bei deinem Vater?"

„Ja, seit kurzem."

„Also bis bald."

Ich verabschiedete mich von S. und bog in die nächste Nebenstraße ein, an deren Ecke in einem Schaufenster eine Orgel stand. Man hatte ihre Seitenteile ausgebaut, um das Pfeifenwerk vorzuführen; ich blickte auf eine Reihe senkrechter grüner Bambusrohre, und mein erster Gedanke war: *Stimmt, Bambusrohre eignen sich auch.* Und dann – stand ich plötzlich vor dem Tor meines Hauses.

Die alte Seitenpforte und der schwarze Zaun wirkten unverändert. Ja, selbst der Ast des Kirschbaums grünte über dem Tor, wie ich es am Tage zuvor gesehen hatte. Auf einem neuen Namensschild aber stand: *Kushibe*. Als ich das Schild sah, fühlte ich, daß ich tatsächlich tot war. Doch ich trat wie selbstverständlich durch das Tor und schritt vollkommen bedenkenlos ins Haus hinein.

Meine Frau saß auf der Wohnzimmerveranda und war damit beschäftigt, einen Bambusharnisch anzufertigen, weshalb getrocknete Bambusrinde auf dem Boden verstreut lag. Der Harnisch lag auf ihren Knien, allerdings waren erst ein Bein und der Rumpf fertig.

Ich setzte mich zu ihr und fragte:

„Wo sind die Kinder?"

„Sie sind gestern mit Tante und Großmutter nach Kugenuma gefahren."

„Und Großvater?"

„Er ist zur Bank."

„Sonst ist niemand hier?"

„Du siehst doch, daß ich alleine bin."

Vornübergebeugt zog sie eine Nadel durch einen Streifen Bambusrinde. Ich hatte ihrer Stimme jedoch sofort angemerkt, daß sie etwas zu verbergen hatte, und wurde ein wenig lauter.

„Aber am Tor hängt doch ein Schild mit dem Namen *Kushibe*?"

Erschrocken blickte sie zu mir auf. Wie immer, wenn man Rechenschaft von ihr fordert, war ihr Blick gänzlich verwirrt.

„Oder etwa nicht?"

„Doch."

„Demnach lebt dieser Mann hier?"

„Ja."

Sie saß nun völlig zusammengekauert da und fingerte am Harnisch.

„Und wenn schon, das ist mir gleichgültig. Schließlich bin ich tot" – mehr oder weniger redete ich mir selbst zu – „und du bist noch jung, also ist dagegen nichts einzuwenden. Nur ein anständiger Mensch sollte er sein, der es zu etwas gebracht hat ..."

Meine Frau blickte wieder zu mir auf. An ihrem Gesicht las ich ab, daß etwas Unwiderrufliches geschehen war, und merkte zugleich, daß auch ich blaß wurde.

„Er hat es also zu nichts gebracht?"

„Aber er ist kein schlechter Mensch ..."

Ich hatte jedoch verstanden, daß sie diesem Kushibe keinen Respekt entgegenbrachte. Aber wie hatte sie denn einen solchen Mann heiraten gekonnt? Vielleicht hätte ich darüber noch hinwegsehen können, aber ich konnte mich des unangenehmen Gefühls nicht erwehren, daß sie die Gewöhnlichkeit dieses Kushibe sogar als wohltuend empfand.

„Diesen Menschen müssen die Kinder *Vater* rufen?"

„Was soll das heißen ..."

„Dafür gibt es keine Entschuldigung!"

Meine Frau hatte schon vor meinem Wutausbruch ihr Gesicht mit einem Ärmel ihres Kimonos bedeckt, ihre Schultern zitterten.

„Verdammt! Soll meine Seele auf ewig friedlos umherirren?"

Ich ertrug es nicht länger, bei ihr zu sitzen, stand auf und ging zum Arbeitszimmer, ohne einen Blick zurückzuwerfen. Dort hing ein Feuerhaken über dem Fenstersturz, der mit einer schwarz-roten, gewundenen Lackverzierung versehen war. Es hatte einmal jemanden gegeben, dem dieser Feuerhaken gehört hatte – als ich darüber nachsann, war ich plötzlich nicht mehr im Arbeitszimmer, sondern auf einem Weg, den dornige Quittenhecken säumten.

Die abendliche Dämmerung tauchte den Weg bereits in Dunkelheit, die Pflastersteine schimmerten naß, wie von einem Nieselregen oder von Tau. Ich war immer noch wütend und schritt aus, so schnell ich es vermochte. Doch wie weit ich auch ging, die dornigen Hecken entlang des Weges setzten sich immer weiter fort.

Ich erwachte. Meine Frau und unser Kind schliefen offenbar noch. Anscheinend graute bereits der Morgen; sonderbar rührend klang der helle Gesang einer Zikade aus der Ferne. Als ich ihr lauschte, überkam mich die Furcht, morgen (besser gesagt heute) völlig übermüdet zu sein, ich versuchte wieder einzuschlafen.

Doch es wollte mir einfach nicht gelingen, zu deutlich war die Erinnerung an den Traum. Mich quälte der Gedanke an die undankbaren Rollen, die meine Frau und S. darin gespielt hatten. Ich dachte – *ja, ich verhalte mich in der Tat erschreckend egoistisch zu meiner Frau. Sollte der Charakter meines Traum-Ichs meinem wahren Charakter entsprechen, muß ich ein noch schlimmerer Egoist sein, als mir bewußt ist. Und es steht außer Frage, daß der Charakter meines Traum-Ichs dem meinen entspricht. Freud sagt –* ich nahm eine Adalin-Pille, um einzuschlafen, aber auch, um meinem krankhaft pochenden Gewissen zu entkommen, und sank in einen traumlos tiefen Schlaf …

(Shigo)

BESCHRIEBENE BLÄTTER

Mehrere beschriebene Blätter lagen unter einer Bank im Hibiya-Park. Ich dachte, sie seien mir aus der Tasche gefallen, hob sie auf und steckte sie ein. Doch als ich sie später betrachtete, stellte ich fest, daß es sich um einen Brief handelte, den eine junge Frau einer anderen gesendet hatte. Das weckte natürlich meine Neugier, und zudem stand in der Passage, auf die mein Blick zufällig gefallen war, eine für mich unübersehbare Zeile: ... *Akutagawa Ryūnosuke ist ein Idiot!*

Ein Kritiker schrieb einmal über mich: *Er ist ein solcher Skeptiker, daß es ihn die literarische Vollendung kostet.* Skeptischer als jeder andere bin ich insbesondere dann, wenn ich der Dummheit bezichtigt werde. ... *Akutagawa Ryūnosuke ist ein Idiot* – was für eine görenhafte Äußerung! Ich mußte mit aller Gewalt meinen aufwallenden Zorn unterdrücken, beschloß jedoch, mir zunächst einmal die Beweggründe der Schreiberin anzusehen. Es folgt eine wörtliche Wiedergabe des Inhalts dieser Blätter:

„... Die Langeweile meines täglichen Lebens spottet jeder Beschreibung, denn ich befinde mich hier in der abgelegensten Ecke Kyūshūs. In dieser Kleinstadt hat man keinerlei Abwechslung, es gibt weder ein Theater noch Ausstellungen, weder Konzerte noch Vorträge (gehst Du zur diesjährigen Ausstellung der „Gruppe Frühlingssonne"? Bitte schreibe mir, wie sie Dir gefallen hat. Wie gerne würde ich sie mir anschauen – viel lieber als im letzten Jahr.) Darüber hinaus befinden sich die hiesigen Intellektuellen gerade einmal auf dem Tokutomi-Roka-Niveau. Gestern traf ich eine frühere Schulfreundin, die mir sagte, daß sie neulich erst Arishima Takeo entdeckt hat! Es ist zum Weinen. Wie jede andere vertrödele ich daher meine Zeit im Haus, nähe, koche, spiele auf dem Harmonium meiner jüngeren Schwester und lese alte Bücher nochmals. Wie Du sagen würdest: mein Alltag ist *ennuyant*.

Das ist aber leider noch nicht alles, denn noch dazu wird mir von meiner Familie ständig die Heiratsfrage aufgedrängt. Ich habe mir bestimmt schon zehn Kandidatenfotos angesehen – einmal soll es der älteste Sohn eines Präfekturabgeordneten sein, dann wieder der Neffe eines Bergwerkbesitzers. Übrigens war auch ein Foto des Sohnes der Nakagawa darunter, der nach Tōkyō gezogen ist, ich dürfte ihn Dir einmal vorgestellt haben. Auf dem Universitätsgelände führte er ein Mädchen spazieren, die sowas wie Kaffeehaus-Bedienung war – selbst der gilt hier als vielversprechender junger Mann! Will man mich für dumm verkaufen? Ich ließ meine Familie wissen: *Keiner sagt, daß ich nicht eines Tages heiraten werde, aber wenn der Zeitpunkt gekommen ist, werde ich mich auf mein eigenes Urteil verlassen und nicht auf das eines anderen. Dafür übernehme ich auch alleine die Verantwortung für meine Zukunft.*

Allerdings wird im nächsten Jahr mein jüngerer Bruder das Wirtschaftskolleg abschließen und meine Schwester in die vierte Klasse der Oberschule kommen. Angesichts dessen ist es problematisch, daß ich unverheiratet bin. In Tōkyō wäre das natürlich ohne Bedeutung, aber in einer Kleinstadt wie dieser fragt man sich verständnislos, wieso ich ledig bleibe, wo das doch den Vermählungen meines Bruders und meiner Schwester im Wege steht; der hiesige Klatsch ist unerträglich. Mir wird ohnehin keine andere Wahl bleiben, als zu heiraten, da ich nicht Klavierunterricht geben kann wie Du. Aber ich habe keine Ahnung, wer hier für mich als Mann in Frage käme! Wann immer die Sprache darauf kommt, heißt es, das sei meinen „überzogenen Idealvorstellungen" zuzuschreiben. „Überzogene Idealvorstellungen"! Dabei ist die einzige „Idealvorstellung", die man hier überhaupt hat, die von den hiesigen Heiratskandidaten. Welch prachtvolle Kandidaten! Wie schade, daß ich sie Dir nicht in ihrer ganzen Pracht einmal vorführen kann. Soll ich Dir ein Beispiel geben? Der Sohn des Präfekturabgeordneten, er ist bei einer Bank beschäftigt, ist ein eingefleischter Puritaner. Das mag noch angehen, doch obwohl er aus diesem Grund nicht einmal zu Neujahr auch nur einen Tropfen Sake trinken darf, hat er den Vorsitz einer Prohibitions-Vereinigung inne. Es ist doch lachhaft, einer solchen Vereinigung beizutreten, wenn man Alkohol noch nie im Leben anrühren durfte! Nichtsdestotrotz schwingt er vehemente Reden über die unabdingbare Notwendigkeit eines Alkoholverbots.

Allerdings sind nicht ausnahmslos alle Heiratskandidaten solche Schwachköpfe. Der Ingenieur der Elektrizitätsgesellschaft, der meinen Eltern am besten gefällt, scheint zumindest ein gebildeter Junge zu sein und erinnert ein wenig an Fritz Kreisler. Dieser Yamamoto widmet sich offenbar mit bewundernswertem Eifer seinen Studien zur sozialen Frage, interessiert sich allerdings keinen Deut für Kunst oder Philosophie. Und das, obwohl er das Bogenschießen und die Rezitation zur Shamisen-Begleitung als Hobbies angegeben hat! Aber seine Vorliebe für letzteres scheint ihm eher peinlich zu sein, denn in meiner Gegenwart hat er dieses Hobby bislang mit keiner Silbe erwähnt. Als ich ihm jedoch auf meinem Grammophon Galli-Curci und Caruso vorspielte, verriet er sich mit der unbedachten Bemerkung: *Eine Platte mit Toramaru-Rezitationen hätten Sie nicht da?* Noch komischer fand ich ihn, als wir in das erste Obergeschoß unseres Hauses stiegen, von wo aus man die Pagode des Tempels Saishōji sehen kann. Yosano Akiko wäre es sicher ein Gedicht wert, wie allein ihre neun Ringe strahlen, wenn ein Dunstschleier die Pagode umgibt. Als Yamamoto zu Besuch war, wies ich ihn darauf hin und sagte: *Herr Yamamoto, sehen Sie die Pagode?* – *Ja, ich sehe sie. Wieviele Meter mag sie hoch sein?* – erwiderte er und reckte ernsthaft den Kopf. Ich sagte zwar, er sei kein Schwachkopf, doch offenbar mangelt es ihm an Kunstverstand.

Mein Vetter Fumio hat Verständnis für meinen Standpunkt, denn er liest Nagai Kafū und Tanizaki Jun'ichirō. Wenn man sich allerdings ein wenig mit ihm unterhält, stellt man fest, daß er nur ein provinzieller Literaturfreund ist und daher hoffnungslos falsche Schlüsse zieht. So hält er etwa *Der Bergpaß des Boddhisatva* für das Meisterwerk unserer Epoche. Darüber könnte ich hinwegsehen, aber er ist in den Ruf eines liederlichen Taugenichts geraten. Meine Eltern sprechen ihm die Qualifikation zum Heiratskandidaten ab, denn mein Vater behauptet, daß er eines Tages für unzurechnungsfähig erklärt werden dürfte. Fumios Vater jedoch – das heißt, mein Onkel möchte, daß ich seinen Sohn heirate. Da er das nicht in aller Öffentlichkeit sagen kann, versucht er es mir vertraulich mitzuteilen. Und kleidet er es nicht in schöne Worte? *Du solltest Fumio heiraten, dann hätte es ein Ende mit seiner Liederlichkeit.* Vielleicht denken alle Eltern so, aber dennoch ist mein Onkel ein ausgesprochener Egoist, denn er will mich nicht als Ehefrau für seinen Sohn, sondern nur als ein Werkzeug, das dessen Leichtlebigkeit ein Ende bereiten soll; man ist sprachlos!

Daß dieses Heiratsproblem sich stellt, hängt nach meiner festen Überzeugung mit der Unfähigkeit der japanischen Schriftsteller zusammen. Nicht nur ich in dieser Kleinstadt, sondern Frauen in ganz Japan dürften vor dem Dilemma stehen, daß sie eine Ausbildung bekommen haben, kultiviert sind und ungeachtet dessen einen ungebildeten Mann ehelichen sollen. Und doch nimmt sich kein einziger japanischer Schriftsteller dieser Frauen an, ganz zu schweigen davon, daß einer von ihnen Lösungen für das Problem aufzeigen würde! Will man nicht heiraten, sollte man es unterlassen, doch unverheiratet zu bleiben, erfordert Selbständigkeit, selbst wenn man nicht mit solch lächerlichen Vorwürfen überschüttet wird wie in dieser Kleinstadt. Aber man läßt uns Ausbildungen zukommen, die in keiner Weise zur Selbständigkeit befähigen! Weder reichen unsere Fremdsprachenkenntnisse für eine Tätigkeit als Hauslehrerin aus, noch können wir von Strickarbeiten Kost und Logis bezahlen. So bleibt einem denn keine andere Wahl, als einen Mann zu heiraten, auf den man herabblickt; das mag alltäglich sein, aber ich betrachte es als eine Tragödie (und wenn es tatsächlich alltäglich ist, ist es dann nicht umso schlimmer?). Man spricht von „Heirat", aber für mein Empfinden gibt es im Grunde keinen Unterschied zur Prostitution.

Im Gegensatz zu mir stehst Du bestens auf eigenen Füßen, aber ich beneide eigentlich nicht Dich. Als ich gestern mit meiner Mutter Einkäufe erledigen war, sah ich eine jüngere Frau, und obgleich sie nur an einer Schreibmaschine saß, kam es mir so vor, als sei selbst ihr mehr Glück zuteil geworden als mir. Da Dir Rührseligkeiten verhaßt sind, erspare ich Dir weitere Ausführungen …

Ich möchte aber noch ein paar kritische Anmerkungen zur Unfähigkeit der japanischen Schriftsteller machen. Auf der Suche nach Lösungen für das Heiratsproblem habe ich manches alte Buch nochmals gelesen. So unglaublich es ist, es gibt keinen einzigen Schriftsteller, der Stellung für uns Frauen beziehen würde! Alle verschließen sie die Augen vor dem Problem – ob Kurata Hyakuzō, Kikuchi Kan, Kume Masao, Mushanokōji Saneatsu, Satomi Ton, Satō Haruo, Yoshida Genjirō oder Nogami Yayoi. Den Genannten mag man noch das eine oder andere abgewinnen können, aber Akutagawa Ryūnosuke ist ein Idiot, kennst Du seine Erzählung *Die Prinzessin Roku-no-miya*? (*Der Autor: Ich möchte der Tradition von Kyōden und Sanba treu bleiben und muß daher diese Gelegenheit nutzen, um ein wenig Eigenwerbung zu betreiben: „Die Prinzessin Roku-no-miya" ist in meiner Kurzgeschichtensammlung „Frühlingskleider" enthalten, die im Verlag Shunyōdō in Tōkyō erschien.*) In dieser Kurzgeschichte schreibt er abfällig über eine kleinmütige Prinzessin. Offenbar will er sagen, daß er einen entschlossenen Verbrecher höher achtet als einen Menschen, der keinen leidenschaftlichen Willen besitzt. Aber eine Frau wie ich mag einen noch so leidenschaftlichen Willen besitzen – sie verfügt nicht über die Mittel, ihre Vorhaben in die Tat umzusetzen, da sie eine Ausbildung erhalten hat, die in keiner Weise zu einem selbständigen Leben befähigt, und der Prinzessin erging es nicht anders. Es zeigt doch die ganze Verständnislosigkeit des Autors, daß er abfällig über sie schreibt! Ich hatte nichts gegen Akutagawa Ryūnosuke gehabt, bis ich diese Erzählung las …"

Die Frau, die irgendwo diesen Brief geschrieben hatte, war eine Halbwissende, die es vorzog, in rührseligen Gefühlen zu schwelgen, anstatt einen Ausbruch aus ihrem Alltagstrott zu wagen und eine Ausbildung zur Sekretärin aufzunehmen. Ich hatte natürlich nur Hohn für sie übrig, denn schließlich hatte sie mich als Idioten bezeichnet. In Wahrheit tat sie mir allerdings in gewisser Weise leid. Ich dachte daran, daß sie vermutlich immer weiter ihr Los beklagen und am Ende doch jemanden wie den Ingenieur der Elektrizitätsgesellschaft heiraten würde. Mit der Zeit würde sie, ohne es zu merken, zu einer völlig gewöhnlichen Ehefrau werden und irgendwann sogar Rezitationen zur Shamisen-Begleitung interessiert lauschen, würde die Pagode des Saishōji vergessen und Kinder gebären, wie eine Sau Junge wirft – ich warf die Blätter in die Schublade meines Schreibtisches, wo bereits meine eigenen Träume, in einem Stapel alter Briefe, allmählich vergilben …

(Fumi hogo)

Das bisherige Leben des Daidōji Shinsuke
– Skizzen einer seelischen Landschaft –

1. Honjo

Daidōji Shinsuke wurde in Honjo geboren, in der Nähe des Tempels Ekōin. In der ganzen Gegend gab es keine einzige schöne Straße, die ihm in Erinnerung geblieben wäre – ja, nicht einmal ein schönes Haus. Besonders in der Umgebung seines Elternhauses gab es nichts als Böttcherwerkstätten, billige Süßwarenläden und Trödelhändler. Die Straßen des Viertels waren immerzu schlammig und stießen zu allem Überfluß auf den stets übel riechenden Ōtakegura-Kanal, in dem Algen trieben. Keine Frage, daß diese Gegend zur Schwermut verleitete. Und doch fühlte sich Shinsuke in den anderen Stadtteilen Tōkyōs unwohler als in Honjo. Er fand sie allesamt bedrückend, von der Oberstadt mit ihren Villen bis hin zur Unterstadt mit ihren Zeilen kleiner Läden aus der Edo-Zeit. Seine Liebe galt nicht Hongō oder Nihonbashi, sondern dem trostlosen Honjo – dem Ekōin, der Komatome-Brücke, dem Yokoami-Viertel, den Abwassergräben, dem Reitplatz, dem Ōtakegura-Kanal. Vielleicht besaßen seine Gefühle mehr Ähnlichkeit mit Mitleid als mit Liebe. Es mag Mitleid gewesen sein, doch träumt er noch nach dreißig Jahren immer wieder von Honjos Straßen und Plätzen …

Seit er denken kann, hat Shinsuke die Straßen von Honjo geliebt, die nahezu baumlos waren und stets unter einer Staubschicht lagen. Den jungen Shinsuke aber lehrten diese Straßen die Schönheit der Natur. Er wuchs damit auf, inmitten ihres staubigen Treibens Süßigkeiten zu naschen. Da er so aufwuchs, brachte er ländlichen Gegenden – und besonders der von Reisfeldern geprägten Gegend, die sich östlich Honjos erstreckte – nicht das geringste Interesse entgegen, denn was er täglich vor Augen hatte, war eher eine natürliche Häßlichkeit als eine natürliche Schönheit. Die Natur fiel spärlich aus in den Straßen Honjos, doch die blühenden Gräser auf den Dächern und die Frühlingswolken, die sich in Pfützen widerspiegelten, besaßen eine gewisse rührende Schönheit, wegen der er mit der Zeit begann, die Natur zu lieben. Allerdings öffneten nicht nur die Straßen Honjos ihm nach und nach die Augen für die Schönheit der Natur. Auch Bücher trugen dazu bei – etwa Tokutomi Rokas *Die Natur und das menschliche Leben* oder Lubbocks *Die Schönheit der Natur*, die er in seiner Grundschulzeit immer wieder las. Die Straßen von Honjo aber, in denen die Häuser ebenso grotesk schäbig anmuteten wie die Bäume und der Verkehr, beeinflußten seine Sicht der Natur am nachhaltigsten.

In der Tat, die schäbigen Straßen Honjos prägten seine Sicht der Natur. In späteren Jahren unternahm er immer wieder kleine Reisen durch die Provinzen Honshūs. Doch die schroffe Natur am Kiso-Fluß fand er stets beunruhigend, die sanfte Natur an der Inlandsee wiederum langweilig. Die Natur, die er liebte, war weitaus unansehnlicher. Vor allem liebte er ihre spärlichen Überbleibsel, die er inmitten der menschlichen Zivilisation entdeckte. Vor dreißig Jahren stieß man noch überall in Honjo auf diese Überbleibsel natürlicher Schönheit – auf die Weiden an den Abwassergräben, den Platz vor dem Ekōin, das Wäldchen von Ōtakegura. Shinsuke war es nicht wie seinen Freunden vergönnt, nach Nikkō oder Kamakura zu fahren. Zwar ging er allmorgendlich mit seinem Vater in der Umgebung ihres Hauses spazieren, was ihn damals sehr glücklich machte, doch reichte das nicht aus, um vor seinen Freunden auftrumpfen zu können.

Eines frühen Morgens, der Horizont war noch gerötet, ging er mit seinem Vater wie so oft auf einen Spaziergang nach Hyappongui, zum Ufer des Sumida-Flusses, wo man gewöhnlich besonders viele Angler antraf. Doch an jenem Morgen war das Ufer menschenleer, weit und breit regte sich nichts, abgesehen von Molukkenkrebsen, die zwischen den steinernen Mauern krochen. Noch ehe Shinsuke seinen Vater fragen konnte, weshalb sich an diesem Morgen kein Angler sehen ließ, hatte er die Antwort bereits entdeckt. Eine kahlgeschorene Leiche trieb auf den Wellen des Flusses, auf denen die

Morgenröte flackerte, trieb zwischen Seetang, der nach Meer roch, und Pfählen, an denen Unrat hing. – Er erinnert sich noch immer klar und deutlich an jenen Morgen in Hyappongui. Damals – vor dreißig Jahren – prägte Honjo den sensiblen Shinsuke mit vielerlei bleibenden Eindrücken. Doch Hyappongui an jenem Morgen – in diesem einen Bild verdichtet sich der düstere Schatten, den d e Straßen Honjos auf seine Seele warfen.

2. DIE MILCH

Shinsuke hat niemals Muttermilch kennengelernt. Seine kränkelnde Mutter hatte ihn, ihr einziges Kind, nicht einmal nach der Geburt gestillt. Auch kam es aufgrund der ärmlichen Lebensverhältnisse seiner Familie nicht in Frage, daß eine Amme ihn stillte. So wurde er denn von Geburt an mit Kuhmilch aufgezogen. Shinsuke verabscheute sein Schicksal, verabscheute die Milchflaschen, die jeden Morgen in die Küche geliefert wurden. Und später beneidete er seine nichtsahnenden Freunde, die nur Muttermilch kennengelernt hatten. Um die Zeit, als er eingeschult wurde, geriet eine junge Tante, die wohl zum Neujahrsfest zu Besuch weilte, in die Verlegenheit, daß ihre Brüste anschwollen. Sie preßte sie über einer Kanne, doch es verschaffte ihr keine Erleichterung. Da sagte sie stirnrunzelnd halb im Spott zu ihm: „Shin-chan, soll ich dir die Brust geben?" Aber er, mit Kuhmilch aufgezogen, konnte unmöglich wissen, wie er sich dabei anstellen sollte. Schließlich stillte sie ein Nachbarkind – die Tochter eines Böttchers. Auf ihrer großen runden Brust zeichneten sich blaue Adern ab. Keine Frage, der schüchterne Shinsuke hätte es niemals über sich gebracht, an ihrer Brust zu saugen. Dennoch haßte er das Nachbarmädchen – und zugleich auch seine Tante, weil sie dem Mädchen die Brust gab. Seine quälende Eifersucht ist das einzige, was in seiner Erinnerung an dieses kleine Erlebnis zurückgeblieben ist. Aber davon abgesehen war es vielleicht auch der Beginn seiner *Vita sexualis* …

Shinsuke schämte sich dafür, daß er anstelle von Muttermilch nur Kuhmilch kennengelernt hatte. Das war sein Geheimnis, das Geheimnis seines Lebens, von dem niemand jemals erfahren durfte.

Zudem ging dieses Geheimnis in seiner Kindheit mit einem bestimmten Aberglauben einher. Er war ein fast unheimlich magerer Junge mit einem grotesk großen Kopf, der nicht nur schüchtern war, sondern bereits beim Anblick eines blitzenden Fleischermessers in ängstliche Erregung geriet. Keine Frage, in diesem Aspekt – ganz besonders in diesem Aspekt – konnte er seinem Vater nicht unähnlicher sein, seinem Vater, der stets mit dem Mut prahlte, den er im Feuer der Schlacht von Fushimi-Toba bewiesen hatte. Shinsuke war davon überzeugt, daß diese Unähnlichkeit der Kuhmilch zuzuschreiben war – ohne heute sagen zu können, wann er darauf verfiel und aus welchem Grund. Ja, er war sogar davon überzeugt, daß auch seine körperliche Schwächlichkeit der Kuhmilch zuzuschreiben war. Für ihn stand außer Frage, daß es an der Kuhmilch lag und daß seine Freunde beim geringsten Anzeichen von Schwäche sein Geheimnis durchschaut hätten. Daher nahm er ihre Herausforderungen jederzeit an, und selbstverständlich gab es deren viele. So sprang er ohne Stange über den Wassergraben am Bambuslager, kletterte ohne Leiter auf den großen Ginkgo-Baum vor dem Ekōin, prügelte sich mit einem anderen Jungen. Mit zitternden Knien stand Shinsuke vor dem Graben, doch er schloß die Augen und sprang aus vollem Anlauf über das Wasser, in dem Algen trieben. Furcht und Zögern überfielen ihn auch, bevor er auf den Ginkgo-Baum am Ekōin kletterte und sich mit dem anderen Jungen schlug, aber er unterdrückte diese Gefühle tapfer. Selbst wenn diese Mutproben einzig und allein seinem Aberglauben entsprangen, waren sie doch auch Übungen in spartanischer Disziplin. Diese spartanische Disziplin hat Narben an seinem rechten Knie hinterlassen, und wahrscheinlich auch in seiner Persönlichkeit – Shinsuke erinnert sich noch immer daran, wie sein Vater ihn anherrschte: „Wie kann ein solcher Schwächling wie du derart halsstarrig sein!"

Glücklicherweise verlor sich sein Aberglaube jedoch nach und nach. Zudem machte er eine Entdeckung in der westlichen Geschichtsschreibung, die einer Widerlegung desselben zumindest nahe kam: er stieß auf die Legende, nach der Romulus, der Gründer Roms, von einer Wölfin gesäugt worden war. Von da an wurde es ihm zunehmend gleichgültiger, daß er keine Muttermilch kennengelernt hatte, ja, er wurde sogar stolz darauf, daß er mit Ku¬-milch aufgezogen worden war. Shinsuke erinnert sich noch daran, wie er seinen alten Onkel einmal zu einer Weide begleitete, die von diesem damals bewirtschaftet wurde – es war in dem Frühjahr, in dem er in die Mittelschule kam. Besonders deutlich blieb ihm in Erinnerung, wie er sich in seiner Schuluniform über den brusthohen Zaun lehnte und einer weißen Kuh, die sich ihm genähert hatte, Heu zu fressen gab. Die Kuh roch still am Heu und blickte zu ihm auf. Als er sie betrachtete, fand er plötzlich ihren Blick fast menschlich. Einbildung? – Mag sein, daß es Einbildung war. Doch ihm steht noch heute vor Augen, wie diese große weiße Kuh zu ihm aufblickte, während er unter blühenden Aprikosenzweigen über dem Zaun lehnte. Eine tiefe, wehmütige Erinnerung …

3. Die Armut

Shinsukes Elternhaus war arm. Zwar waren sie nicht so arm, daß sie wie eine Familie aus der Unterschicht in einem Mietshaus leben mußten. Doch ihre Armut war eine kleinbürgerliche, die zu schmerzhaften Opfern zwang, da man die äußeren Formen zu wahren hatte. Sein Vater, ein pensionierter Beamter, hatte – sieht man von den geringen Zinsen aus seinen Ersparnissen ab – mit einer jährlichen Pension von fünfhundert Yen einen fünfköpfigen Haushalt zu ernähren, das Dienstmädchen eingeschlossen. Also verstand es sich, daß sie an allen Enden sparen mußten. Sein Elternhaus besaß vier Zimmer und eine Eingangshalle – und sogar einen Garten mit einem Holztor. Doch nur sehr selten kam einer von ihnen in den Genuß eines neuen Kleidungsstückes. Sein Vater gab sich jeden Abend mit billigem Fusel zufrieden, den man keinem Gast vorsetzen konnte. Seine Mutter verbarg ihren geflickten Obi unter einem Überwurf. Shinsuke erinnert sich noch gut an seinen nach Firnis riechenden Schreibtisch. Obgleich aus zweiter Hand gekauft, war er auf den ersten Blick ein ansehnliches Möbelstück, mit grünem Filzstoff bespannt und mit goldglänzenden Schubladenbeschlägen versehen. Aber der Stoff war dünn, und die Schubladen ließen sich stets nur mit Mühe aufziehen. Das waren weniger die charakteristischen Merkmale seines Schreibtisches als vielmehr seines Elternhauses, Merkmale des Alltags seiner Familie, die immer nur die äußeren Formen wahrte ...

Shinsuke haßte diese Armut. Ja, er hat diesen Haß bis heute nicht verwunden. Er konnte sich keine Bücher kaufen, die Sommerschule nicht besuchen, sich keinen neuen Mantel leisten. Alle seine Freunde aber verfügten über diese Möglichkeiten. Er beneidete sie, war mitunter sogar eifersüchtig auf sie. Allerdings konnte er sich die Eifersucht und den Neid nicht eingestehen, denn seine Gefühle kamen einer Mißachtung der Fähigkeiten seiner Freunde gleich. Doch an seinem Haß auf die Armut änderte sich dadurch nicht das geringste. Er haßte die alten Tatami-Matten, die schummrigen Lampen, das verblichene Bambuspapier mit den Efeu-Motiven an den Schiebetüren – haßte die ganze Ärmlichkeit seiner Familie. Schlimmer war allerdings, daß er wegen dieser Ärmlichkeit die eigenen Eltern verachtete, besonders seinen kahlköpfigen Vater, der noch kleiner war als er selbst. Wenn sein Vater hin und wieder an den Elternversammlungen seiner Schule teilnahm, schämte sich Shinsuke stets dafür, ihn vor den Augen seiner Freunde sehen zu müssen. Doch zugleich beschämte ihn die Niederträchtigkeit dieser Scham über den eigenen Vater. Auf einem vergilbten Blatt seiner Notizen, denen er in Nachahmung Kunikida Doppos den Titel *Meine authentischen Aufzeichnungen* gab, schrieb er die Zeilen: *Ich kann meine Eltern nicht lieben. Falsch, ich liebe sie schon. Ich liebe sie zwar als meine Eltern, aber ihre äußere Erscheinung stößt mich ab. Es ist eine Schande für einen Edlen, einen Menschen nach der äußeren Erscheinung zu beurteilen. Umso schlimmer, wenn man abfällig über das Äußere der eigenen Eltern spricht. Aber ich kann es nicht ändern, die äußere Erscheinung meiner Eltern stößt mich einfach ab ...*

Mehr noch als die Ärmlichkeit aber haßte er die Verlogenheit, die aus der Armut entstand. So schenkte seine Mutter ihren Verwandten Gebäck in einer Verpackung der noblen Konditorei Fūgetsu, doch das Gebäck war alles andere als von Fūgetsu – es stammte aus einer billigen Süßwarenhandlung in ihrer Nachbarschaft. Sein Vater predigte eindringlich die Unerläßlichkeit von

Fleiß, Sparsamkeit und militärischer Tapferkeit. Seiner Ansicht nach war selbst der Kauf eines Sino-Japanischen Wörterbuchs ein *dekadenter Luxus* (!), es sei denn, es handelte sich dabei um ein wertvolles altes *Gyokuhen*-Exemplar. Allerdings stand Shinsuke seinen Eltern in nichts nach, wenn es darum ging, nach allen Regeln der Kunst zu lügen, da er sein monatliches Taschengeld von genau fünfzig Sen (und keinem einzigen mehr) restlos für Bücher und Zeitschriften ausgab, an denen sein Herz hing. Daher war ihm jede Ausrede recht, um seinen Eltern Geld aus der Tasche zu ziehen – ob er nun das Wechselgeld verloren hatte, Notizbücher kaufen oder den Beitrag zum Freundeskreis der Schule zahlen mußte. Kam er auch dann mit dem Geld nicht aus, wickelte er sie geschickt um den Finger, um ihnen sein Taschengeld für den kommenden Monat zu entlocken, und schmeichelte sich besonders bei seiner nachsichtigen, bejahrten Mutter ein. Zwar widerten seine eigenen Lügen ihn ebenso an wie die seiner Eltern, aber dennoch log er, dreist und gerissen. Fraglos log er in erster Linie, weil ihm keine andere Möglichkeit blieb. Aber zugleich stand außer Frage, daß ihm das Lügen eine krankhafte Lust bereitete – als töte er einen Gott. Ihm war bewußt, daß er in dieser Hinsicht einem mißratenen Flegel ähnelte. Auf dem letzten Blatt seiner *Authentischen Aufzeichnungen* stehen die folgenden Zeilen:

Doppo sagte: „Die Liebe lieben". Ich sage: Den Haß hassen. Den Haß auf die Armut, den Haß auf die Verlogenheit – hasse jede Form von Haß!

Aus diesen Worten spricht seine Niedergeschlagenheit. Mit der Zeit hatte er begonnen, auch seinen Haß auf die Armut als solchen zu hassen, und dieser zweifache Teufelskreis des Hasses quälte ihn während seiner gesamten Jugendzeit. Dabei wurde ihm durchaus auch ein wenig Glück zuteil. Bei allen Prüfungen erreichte er die dritt- oder viertbeste Punktezahl seiner Klasse, ein netter Junge aus der Unterschicht bot ihm von sich aus seine Freundschaft an. Doch das waren nur vereinzelte Sonnenstrahlen, die durch düstere Wolken brachen. Der Haß, der ihn bedrückte, war stärker als jedes andere Gefühl und prägte mit der Zeit seine Persönlichkeit. Selbst nachdem er der Armut entronnen war, wurde er seinen Haß auf s e nicht los. Andererseits haßte er zwangsläufig die Verschwendung ebenso wie die Armut – und dieser Haß war das Stigma der kleinbürgerlichen Armut, besser gesagt, das *einzigartige* Stigma der kleinbürgerlichen Armut. Noch heute fühlt Shinsuke diesen Haß in sich, fühlt das moralische Entsetzen der *Petty Bourgeoisie*, die mit der Armut zu kämpfen hat …

Als er gerade sein Studium beendet hatte, es war im Herbst, besuchte Shinsuke einmal einen Freund, der Jura studierte. Sie unterhielten sich im acht Tatami großen Gästezimmer, dessen Wände ebenso alt und schäbig waren wie das Bambuspapier an den Schiebetüren. Ein vielleicht sechzigjähriger Mann öffnete die Tür und blickte ins Zimmer. Das Gesicht dieses alten Mannes – vielmehr, dieses alkoholkranken Alten – kam Shinsuke sofort wie das eines pensionierten Beamten vor.

„Mein Vater", stellte sein Freund den Alten formlos vor, der Shinsukes Gruß ziemlich geringschätzig überhörte. Bevor er die Tür wieder schloß, sagte er: „Macht es euch doch bequem, nehmt die Stühle!" In der Tat standen zwei Lehnstühle auf der schwärzlichen Holzveranda des Zimmers. Doch es waren altmodische Stühle mit hohen Rückenlehnen, wie sie ein halbes Jahrhundert zuvor in Mode gewesen waren, ihre roten Sitzpolster waren verblichen. Shinsuke hatte das Gefühl, daß diese alten Lehnstühle ganz und gar das Kleinbürgertum verkörperten, und fühlte zugleich, daß sein Freund sich für seinen Vater schämte, ebenso wie er das tat. Dieses Erlebnis blieb ihm fast schmerzhaft deutlich in Erinnerung. Die Auseinandersetzung mit intellektuellem Gedankengut mag in späteren Jahren noch vielerlei Facetten zu seiner Persönlichkeit beigetragen haben. Doch vor allem ist er der Sohn eines pensionierten Beamten geblieben, ein Mensch, der einer kleinbürgerlichen Armut entstammt, die – stärker als die Armut der Unterschicht – dazu zwingt, sich mit der Verlogenheit zu arrangieren.

4. DIE SCHULEN

An seine Schulen hat Shinsuke nur schwache Erinnerungen behalten. Keine Form von Unterricht hat ihn jemals interessiert, ausgenommen wenige Vorlesungen, die er während seines Studiums belegte, wobei er sich allerdings nicht einmal Notizen machte. Doch es gab für ihn keine andere Rettung vor der Armut, als die schulische Laufbahn über die Mittelschule und die Oberschule bis zur Universität zu absolvieren. In seiner Mittelschulzeit wollte er diese Tatsache allerdings nicht wahrhaben, zumindest nicht in letzter Konsequenz. Nach den dortigen Abschlußprüfungen stand die Armut jedoch drohend am Horizont wie eine dunkle Wolkenbank. Als er die Oberschule und die Universität besuchte, spielte er des öfteren mit dem Gedanken, seine Ausbildung abzubrechen, aber die düstere Aussicht auf die drohende Armut hielt ihn von diesem leichtfertigen Vorhaben ab. Er haßte die Schulen, und ganz besonders die sehr restriktive Mittelschule. Das Signalhorn des Hausmeisters klang in seinen Ohren gnadenlos, die hohen Pappeln wucherten in seinen Augen düster. Er lernte die Daten der westlichen Geschichtsschreibung, chemische Formeln, die keinem Laborversuch unterzogen wurden, die Einwohnerzahlen der Städte Europas und Amerikas – lernte allerlei nutzloses, oberflächliches Wissen. Mit ein wenig gutem Willen fiel ihm das Lernen nicht gerade schwer, aber er konnte kaum die Augen davor verschließen, daß es eben nur ein nutzloses, oberflächliches Wissen war. Dostojewski schreibt in seinem Roman *Aus einem Totenhaus*, daß ein Häftling, den man ausschließlich nutzlose Tätigkeiten verrichten läßt, wie Wasser aus einem Eimer in einen anderen zu gießen und anschließend wieder zurück, sich zweifellos irgendwann umbringen wird. In dem mausgrauen Schulgebäude, im Rauschen der hohen Pappeln durchlebte Shinsuke die psychischen Qualen eines solchen Häftlings. Mehr noch – an keiner anderen Schule haßte er seine Lehrer so sehr wie an der Mittelschule. Zwar war als Individuum keiner von ihnen ein Halunke, doch die *pädagogische Verantwortung* – und besonders das Züchtigungsrecht – machte sie automatisch zu Tyrannen. Ihnen waren alle denkbaren Mittel recht, um den Schülern die eigenen Vorurteile einzutrichtern. Einer von ihnen – er lehrte Englisch und besaß den Spitznamen *Fettwanst* – verhängte des öfteren körperliche Strafen über Shinsuke aufgrund von dessen *Impertinenz*. Doch die *Impertinenz* hatte lediglich darin bestanden, daß er Doppo oder Tayama Katai gelesen hatte. Ein anderer Lehrer – er hatte ein Glasauge – unterrichtete Japanisch und Klassische Schriftsprache. Es verstimmte ihn, daß Shinsuke sich weder für Kampfsport noch für Wettkämpfe interessierte, weswegen er mehrfach höhnisch zu ihm bemerkte: *Bist du ein Mädchen?* Aufgebracht erwiderte Shinsuke einmal: *Wieso, sind Sie ein Mann?* Selbstverständlich konnte sich der Lehrer die Gelegenheit nicht entgehen lassen, ihm für diese *Impertinenz* eine strenge Strafe aufzuerlegen. In den vergilbten Seiten seiner *Authentischen Aufzeichnungen* finden sich zahllose weitere Schilderungen erlittener Demütigungen, die der selbstbewußte Shinsuke stets postwendend zurückgeben mußte, um sich zu behaupten, denn andernfalls hätte er irgendwann begonnen, sich selbst als einen mißratenen Flegel zu verachten. Und natürlich wurden seine Aufzeichnungen für ihn zum Werkzeug dieser Kunst der Selbstbehauptung:

Ich bin in vielerlei Hinsicht in Verruf geraten, doch vor allem werden mir drei Vorwürfe gemacht: Der erste lautet „Verweichlichung". Damit ist gemeint, daß ich die geistigen Fähigkeiten höher achte als die körperlichen. Der zweite lautet „Extravaganz". Damit ist gemeint, daß ich nicht nur den Nutzen, sondern auch die Schönheit schätze. Der dritte Vorwurf lautet „Arroganz". Damit ist gemeint, daß ich nicht ohne triftigen Grund meine Überzeugungen aufgebe.

Allerdings wurde er nicht von allen seinen Lehrern drangsaliert. Einer von ihnen lud ihn einmal zu einer Teegesellschaft im Kreise seiner Familie ein, ein anderer gab ihm englischsprachige Literatur zu lesen. Nach den Abschlußprüfungen der vierten Klasse der Mittelschule entdeckte er unter diesen geliehenen Büchern eine Übersetzung von Turgenjews *Tagebuch eines Jägers*, und er erinnert sich noch daran, wie begeistert er sie las. Doch die *pädagogische Verantwortung* stand freundschaftlichen Beziehungen zu den Lehrern stets hindernd im Weg. Mit anderen Worten – gewann man ihr Wohlwollen, steckte ein Kriechertum dahinter, das ihrer Macht schmeichelte. Oder aber, es steckte eine Verdorbenheit dahinter, die ihren homosexuellen Neigungen entgegenkam. In Gegenwart eines Lehrers durfte sich Shinsuke niemals ungezwungen benehmen. Es kam vor, daß einer von ihnen des Weges kam, wenn er gerade nach seinen Zigaretten griff oder Mitschülern begeistert von einem Bühnenstück erzählte, für das er eine billige Stehplatzkarte erstanden hatte. Selbstverständlich sahen sie darin schlechte Manieren, die gleichbedeutend waren mit *Impertinenz*. Und sie waren vollkommen überzeugt davon, das Recht auf ihrer Seite zu haben! Unbestreitbar ist Shinsuke von Anfang an kein Schüler gewesen, den sie liebenswert finden konnten. Die alten Photos, die er auf dem Boden eines Korbes aufbewahrt hat, zeigen einen kränklich wirkenden Jungen mit einem viel zu großen Kopf und fiebrig glänzenden Augen. Zudem bereitete es diesem blassen Junge das größte Vergnügen, seine liebenswürdigen Lehrer ständig mit überflüssigen Fragen zu belästigen!

Gewöhnlich erreichte Shinsuke in allen Klausuren beste Noten, doch im sogenannten *Benehmen* kam er nie über sechs Punkte hinaus. Diese arabische Ziffer 6 empfand er als eine Verhöhnung durch das Lehrerkollegium. Und es war in der Tat ihr Hohn, der sich hinter dem Schild der Benehmensnote verbarg. Aufgrund dieser 6 kamen seine Leistungen nie über einen dritten Rang in seinem Jahrgang hinaus. Er verachtete diese Rache, verachtete die Lehrer, die sich auf diese Art rächten. Noch heute – nein, ohne daß er es bemerkt hätte, ist der Haß von damals vergangen. Für ihn war die Mittelschule ein Alptraum, doch war das nicht unbedingt nur zu seinem Unglück, denn zumindest wurde er dadurch stark genug, um die Einsamkeit zu ertragen. Andernfalls wäre sein bisheriger Lebensweg noch quälender gewesen, als er es ohnehin schon war. Zwar ist er zum Autor einiger Werke geworden, wie er es sich immer erträumt hatte, doch hat ihm das letztlich nur eine trostlose Einsamkeit eingebracht. Wenn er heute zurückblickt auf diese zwanzig Jahre zurückliegende Zeit, heute, da er sich mit seiner Einsamkeit abgefunden hat – oder besser gesagt, da er weiß, daß er sich mit seiner Einsamkeit abfinden muß – dann liegt das Mittelschulgebäude, in dem man ihn quälte, sogar in einem schönen, rosigen Zwielicht. Trostlos wie ehedem aber rauscht der Wind in den düsteren Wipfeln der hohen Pappeln …

5. DIE BÜCHER

Shinsukes Begeisterung für Bücher begann in seiner Grundschulzeit. Am Anfang stand eine Taschenbuchausgabe der *Räuber vom Liang Shan Moor*, die in der Bücherkiste seines Vaters ganz unten lag. Der Grundschüler mit dem viel zu großen Kopf las das Buch immer wieder bei schummrigem Lampenlicht. Und wenn er nicht darin las, stand ihm das Spruchband mit der Aufschrift *Kampf für die Gerechtigkeit* vor Augen, sah er den großen Tiger vom Jingyang-Paß vor sich oder die Beine der Gefangenen, die bei Zhang Qing, dem *Gärtner*, von einem Balken baumelten. Er stellte es sich nicht bloß vor – für ihn waren diese Phantasien wirklicher als die Realität. Im Hinterhof seines Elternhauses, wo Gemüse hing, lieferte er sich mit dem Holzschwert in der Hand Kämpfe gegen die Räuber aus dem Buch, gegen Hu die Dritte, die *Riesin*, oder Lu Zhishen, den *lasterhaften Mönch*. Seine Begeisterung für Bücher hat bis zum heutigen Tage nicht nachgelassen. Er erinnert sich, daß er immer wieder nächtelang las, daß er völlig versunken beim Essen las, in der Straßenbahn, auf der Toilette – und mitunter sogar auf der Straße. Natürlich rührte er sein Holzschwert seit den *Räubern vom Liang Shan Moor* kaum mehr an, doch weiterhin wühlten Bücher ihn auf, brachten ihn zum Lachen und zum Weinen. Wenn er las, durchlief er gleichsam Metamorphosen; er verwandelte sich in die Helden der Bücher. Wie ein indischer Buddha durchlebte er zahllose Inkarnationen, war Iwan Karamasow, Hamlet, Prinz Andrej, Don Juan, Mephistopheles, Reinecke Fuchs – und manche dieser Wandlungen waren nicht nur von vorübergehender Natur. An einem Nachmittag im Spätherbst besuchte er einmal seinen alten Onkel, um sich Taschengeld zu erbetteln. Sein Onkel stammte aus Hagi in Chōshū, weswegen Shinsuke mit ihm eingehend über das große Werk der Meiji-Restauration diskutierte und von Murata Seifū bis Yamagata Aritomo die großen Söhne Chōshūs pries. Doch dieser blasse Oberschüler, der vor falscher Begeisterung überfloß, war weniger Daidōji Shinsuke als der junge Julien Sorel – der Held aus *Rot und Schwarz*.

Dank seiner Veranlagung lernte Shinsuke natürlich noch aller-hand aus Büchern – eigentlich gibt es kein Buch, dem er nicht ir-gend etwas verdankt. Sein Bild vom Leben formte sich nicht, indem er die Menschen auf der Straße beobachtete. Vielmehr ging sein Trachten dahin, sich ein Bild vom Leben anzulesen und anhand dessen die Leute auf der Straße zu beobachten. Das mag ein Um-weg gewesen sein, um zu einem Bild vom menschlichen Leben zu gelangen, doch die Leute auf der Straße waren für ihn nur Fremde. Um sie kennenzulernen – ihre Liebe, ihren Haß, ihre Eitelkeiten – gab es für ihn keine andere Möglichkeit als zu lesen. Also las er – vor allem westliche Erzählungen und Theaterstücke des Fin de Siècle. In ihrer kühlen Klarheit hob sich für ihn schließlich der Vor-hang zur Komödie des menschlichen Daseins. Und er entdeckte noch mehr – seinen eigenen Geist, für den Gut und Böse eins wa-ren. Seine Entdeckungen blieben nicht auf das menschliche Leben beschränkt. In den Straßen Honjos war er auf die Schönheit der Natur gestoßen, doch seine geliebten Bücher schärften seinen Blick dafür – vor allem die *haikai*-Dichtung der Genroku-Zeit: *Die Sil-houette der Berge unweit der Stadt*; *Herbstwind über dunkelgel-ben Feldern*; *Offene Segel, gereffte Segel im Herbstregen auf See*; *Der Ruf des Reihers auf seinem Weg durch die Dunkelheit* – in *haikai* entdeckte er eine Schönheit der Natur, die er in den Straßen Honjos nicht gefunden hatte. *Aus dem Buch in die Wirklichkeit* – das traf auf Shinsuke stets zu. Er hat in seinem Leben mehrere Frau-en geliebt, aber von keiner hat er gelernt, was weibliche Schönheit bedeutet. Besser gesagt, was er von ihnen lernte, kannte er bereits aus Büchern. Die zarte Transparenz eines Ohrs, der Schatten ge-senkter Wimpern auf Wangen – davon hatte er bei Gautier, Balzac und Tolstoi gelesen. Noch heute verdankt er es ihnen, daß er Frau-en schön findet. Andernfalls würde er in Frauen vielleicht nur Wei-ber sehen …

Selbstredend konnte sich der arme Shinsuke nicht alle Bücher kaufen, die er lesen wollte. Die Lösung dieses Problems verdankte er Bibliotheken, Leihbuchhandlungen und seiner an Geiz grenzen-den Sparsamkeit. Er erinnert sich noch deutlich an die Leihbuch-handlung am Kanal und an deren liebenswürdige alte Pächterin, die als Nebenbeschäftigung Haarnadeln mit künstlichen Blumen anfertigte. Die alte Frau war überzeugt von der Harmlosigkeit des *jungen Herrn*, der gerade erst in die Grundschule gekommen war. Doch dieser *junge Herr* hatte bereits gelernt, vorgeblich nach Büchern zu suchen und dabei heimlich zu lesen. Auch erinnert er sich deutlich daran, wie er Jinbōchō durchquerte, wo sich vor zwanzig Jahren ein Antiquariat an das andere reihte, und sieht die sonnenbeschienene Böschung des Kudan-Hügels über ihren Dächern noch vor sich. Als zwölfjähriger Grundschüler, der zur Ōhashi-Bibliothek unterwegs war, durchquerte er Jinbōchō selbstverständlich weder in der Straßenbahn noch in der Kutsche – er ging diese hin und zurück fünf Kilometer lange Strecke regelmäßig zu Fuß, mit seinem Bentō und seinen Schulheften unter dem Arm. Später ging er in die Reichsbibliothek. Er erinnert sich an den tiefen Eindruck, den sie anfangs auf ihn machte, an sein Grauen vor den hohen Decken, den hohen Fenstern, den zahllosen Menschen auf zahllosen Stühlen. Doch glücklicherweise schwand sein Grauen nach einigen Besuchen, und er wurde vertraut mit dem Lesesaal, den Metalltreppen, den Katalogen, dem Speisesaal im Keller. Später ging er in die Oberschulbibliothek und in die Universitätsbibliothek. Er könnte beim besten Willen weder sagen, wie viele Hunderte von Büchern er in diesen Bibliotheken ausgeliehen haben mag, noch wie viele Dutzend von ihnen er lieben lernte. Doch – die Bücher, die er wirklich liebte – ja, beinahe ohne nach ihrem Inhalt zu fragen liebte, waren letzten Endes die, die er sich gekauft hatte. Shinsuke verzichtete auf jeden Kaffeehausbesuch, um sich Bücher leisten zu können. Dennoch war sein Taschengeld natürlich immer zu knapp bemessen, weswegen er einem Mittelschüler aus der Verwandtschaft dreimal in der Woche Nachhilfe in Mathematik (!) erteilte. Ging ihm trotzdem das Geld aus, blieb ihm nichts anderes übrig, als Bücher zu verkaufen. Doch er erhielt für ein gebrauchtes Buches höchstens die Hälfte dessen, was ein neues kostete. Zudem empfand er es stets als eine Tragödie, ein Buch, das er lange Zeit besessen hatte, einem Antiquariat zu überlassen. Eines Abends, es schneite ein wenig, stöberte er nach und nach durch die Antiquariate von Jinbōchō. In einem von ihnen entdeckte er eine Ausgabe des *Zarathustra* – und zwar nicht irgendeine beliebige, sondern den abgegriffenen Band, den er zwei Monate zuvor verkauft hatte. Er stand vor der Auslage und las in dem alten Buch, und je mehr er las, desto wehmütiger wurde ihm zumute.

Zehn Minuten später hielt er der Besitzerin des Antiquariats den *Zarathustra* hin und fragte: „Was kostet das Buch?"

„Einen Yen und sechzig Sen – einen Yen fünfzig, weil Sie es sind."

Shinsuke erinnerte sich, daß er das Buch für ganze siebzig Sen verkauft hatte. Doch als er den Preis schließlich auf einen Yen und vierzig Sen heruntergehandelt hatte, rang er sich dazu durch, das Buch zurückzukaufen. An diesem verschneiten Abend lagen Straßen, Häuser und Straßenbahnen in einer feinen Stille. Als er in dieser Stille auf seinem weiten Heimweg nach Honjo war, spürte er in der Brusttasche immerzu den *Zarathustra*, der, wie er heute noch weiß, einen stahlgrauen Einband besaß. Und zugleich mußte er insgeheim immer wieder über sich selbst lächeln …

6. Die Freunde

Wenn Shinsuke Freundschaft schloß, kam es ihm stets auf die Fähigkeiten des anderen an. Junge Leute, die zwar feine Herren waren, aber abgesehen von guten Manieren keine weiteren Vorzüge aufzuweisen hatten, nahm er nicht ernst. Ja, er betrachtete sie sogar als Spottfiguren, denen er nicht ins Gesicht sehen konnte, ohne zu lachen. Da er eine schlechte Note in *Benehmen* hatte, war das eine natürliche Einstellung. Während seiner gesamten Schulzeit machte sich Shinsuke über solche Mitschüler lustig. Manche von ihnen ärgerten sich natürlich über seinen Spott, andere waren allerdings derart vorbildlich feine Herren, daß sie nicht einmal Notiz davon nahmen. Shinsuke bereitete es stets ein heimliches Vergnügen, als *widerliche Type* bezeichnet zu werden. Doch auch er konnte sich den Ärger nicht verkneifen, wenn selbst sein gröbster Spott keine Reaktion hervorrief. Einer der feinen jungen Herren, er war an der Oberschule in Literatur eingeschrieben, war ein glühender Verehrer Livingstones. Shinsuke, der im gleichen Wohnheim wohnte, schwindelte ihm einmal äußerst überzeugend vor, selbst Byron sei in Tränen zerflossen, als er vom Leben Livingstones las. Noch heute, zwanzig Jahre danach, verherrlicht dieser Livingstone-Verehrer selbigen in der Zeitschrift einer christlichen Sekte wie ehedem. Noch dazu beginnt einer seiner Artikel mit den Worten: *Was lernen wir daraus, daß selbst der satanistische Dichter Byron Tränen vergoß, als er vom Leben Livingstones las?*

Wenn Shinsuke Freundschaft schloß, kam es ihm stets auf die Fähigkeiten des anderen an. Manche seiner Altersgenossen waren zwar keine feinen Herren, doch wenn sie keinen intellektuellen Hunger kannten, schenkte er auch ihnen keine Beachtung. Er suchte keine freundschaftliche Zuneigung, es war ihm auch recht, wenn seine Freunde kein jugendliches Wesen besaßen. Ja, es graute ihm sogar vor sogenannten Busenfreundschaften. Vielmehr kam es ihm darauf an, daß seine Freunde Verstand besaßen – einen scharfen Verstand. Die Klugheit zog ihn an, nicht das hübsche Äußere, und doch haßte er die Klugen noch mehr als die feinen Herren. Freundschaftliche Gefühle bedeuteten für ihn stets, daß mit der Zuneigung ein gewisser Haß einherging. Noch heute ist er der Überzeugung, daß es keine andere Art von Freundschaft gibt – oder zumindest, daß jede andere Art von Freundschaft den üblen Beigeschmack von *Herr und Knecht* besitzt. Seine damaligen Freunde waren seine erbitterten Gegner, mit denen er ständig im Streit lag, wobei der Verstand die Waffe war, mit der sie einander bekämpften. An Schlachtfeldern war kein Mangel – Whitman, assoziative Dichtung, die schöpferische Evolution. Das Kriegsglück wogte hin und her. Sie führten diese geistigen Kämpfe vor allem aus purer Lust am Streit, aber mit der Zeit wurden sie zunehmend auch zum Ausdruck neuer Ideen und einer neuen Ästhetik. Oft diskutierten sie um drei Uhr in der Nacht bei Kerzenschein, häufig waren Werke Mushanokōji Saneatsus Gegenstand ihrer Kontroversen – Shinsuke erinnert sich, wie in einer solchen Nacht, es war in einem September, viele große, bunte Bärenspinner in ihrer ganzen Pracht plötzlich aus der Finsternis auftauchten und sich um die Kerze sammelten. Doch in der Hitze der Flamme verendete einer nach dem anderen, als seien sie Trugbilder gewesen. Ohne dieser Begebenheit heute noch eine besondere Bedeutung beizumessen, fühlt er sich immer irgendwie einsam, wenn er sich an das Schicksal dieser wunderbar schönen Falter erinnert …

Wenn Shinsuke Freundschaft schloß, kam es ihm stets auf die Fähigkeiten des anderen an; das war sein einziges Kriterium. Doch es gab Ausnahmen von der Regel – gesellschaftliche Klassenunterschiede trennten ihn von manchen seiner Schulkameraden. Er fühlte sich nicht im geringsten gehemmt gegenüber Altersgenossen aus der Mittelschicht, die ähnlich wie er aufgewachsen waren. Doch er empfand einen merkwürdigen, unpersönlichen Haß gegen junge Leute aus der Oberschicht, mitunter auch gegen solche aus der oberen Mittelschicht. Manche von ihnen waren Müßiggänger, manche feige Memmen, andere Sklaven ihrer Genußsucht. Doch er haßte sie nicht unbedingt dafür, sondern eher für etwas *Unbestimmtes*. Unterbewußt haßten allerdings auch einige von ihnen dieses *Unbestimmte*, das ihnen anhaftete, und verspürten insgeheim eine krankhafte Sehnsucht nach der Unterschicht – ihrem gesellschaftlichen Gegenpol. Sie taten Shinsuke leid, doch auch sein Mitleid änderte letztlich nichts an seinem Haß. Dieses *Unbestimmte* verhinderte stets wie ein schmerzhafter Stachel, daß er einem von ihnen die Hand reichen konnte. Als Shinsuke Oberschüler war, stand er an einem kühlen Nachmittag im April einmal mit einem dieser Schulkameraden – dem ältesten Sohn eines Barons – auf einem Felsen der Insel Enoshima, oberhalb von einer Bucht. Weil Kinder dort „Taucher" spielten, warfen sie Kupfermünzen ins Wasser, denen die Kinder nachsprangen. Eine Taucherin, die sich unterhalb des Felsens an einem Feuer aus Seetang wärmte, sah ihnen zu und lachte nur.

„Die lasse ich jetzt auch mal springen", sagte sein Schulkamerad und wickelte eine Kupfermünze in das Silberpapier einer Zigarettenschachtel. Dann holte er weit aus und warf die Münze mit aller Kraft. Als sie glitzernd in die aufgewühlten Wellen flog, sprang die Taucherin schneller als die Kinder hinterher. Shinsuke erinnert sich noch immer deutlich an das sadistische Lächeln der Genugtuung auf den Lippen des anderen, der ein außergewöhnliches Talent für Fremdsprachen besaß, aber offensichtlich auch außergewöhnlich scharfe Eckzähne … (Fortsetzung folgt)

Ich beabsichtige, diese Erzählung fortzusetzen, bis sie den drei- bis vierfachen Umfang erreicht hat. Zweifellos paßt der Titel nicht zu der vorliegenden ersten Teilveröffentlichung, doch in Ermangelung einer Alternative bleibt mir keine andere Wahl, als ihn zu verwenden. Ich wäre dem Leser dankbar, wenn er diese Veröffentlichung nur als den ersten Teil von „Das bisherige Leben des Daidōji Shinsuke" betrachten würde.

9.12.1924, der Autor.

(Daidōji Shinsuke no hansei)

Eines Nachts im Frühling

Dies ist eine Geschichte, die ich vor kurzem von einer Krankenschwester namens N. erfuhr. N. macht einen ziemlich unnachgiebigen Eindruck. Hinter ihren trockenen Lippen schimmern immer ihre scharfen Eckzähne hervor.

Ich hütete damals mit einer Darmgrippe das Bett im ersten Stock der Pension, in die mein jüngerer Bruder gezogen war. Auch nach einer Woche wollte der Durchfall nicht enden. So mußte ich N.s Dienste in Anspruch nehmen, die eigentlich meinen Bruder dort betreute.

An einem Nachmittag, an dem der Frühsommerregen nicht enden wollte, kochte N. Reisbrei in einer Kasserolle und erzählte währenddessen ganz beiläufig die folgende Geschichte.

*****

Eines Jahres, es war im Frühling, wurde N. von einer Krankenschwestervereinigung zur Familie Noda in Ushigome geschickt. In dieser Familie gab es keinen Hausherrn. Im Haus lebten die alte Mutter, die einen kurzen Witwenhaarschnitt trug, ihre unverheiratete Tochter und deren jüngerer Bruder – außer ihnen nur noch ein Hausmädchen. N. fand es stets überaus beklemmend, die Familie zu besuchen. Ein Grund hierfür war, daß sowohl Schwester als auch Bruder an Tuberkulose litten, aber ein weiterer Grund war auch, daß in dem Garten ohne Trittsteine, der das viereinhalb Tatami große Gartenhaus der Noda umgab, zahllose Schachtelhalme wild wucherten. Nach N.s Worten wuchsen sie so dicht, daß sie *die Veranda aus Bambusrohren in die Höhe zu drücken schienen.*

Die Mutter rief ihre Tochter *Yuki-san*, den Sohn hingegen einfach *Seitarō*. Yuki-san wirkte eigenwillig, nicht einmal beim Fiebermessen vertraute sie N.s Angaben, sondern warf stets selbst nochmals einen Blick auf das Thermometer. Im Gegensatz zu Yuki-san verursachte Seitarō N. keine Umstände, gehorchte allen Anweisungen und war so schüchtern, daß er sogar errötete, wenn er mit ihr sprach. Offenbar lag der Mutter an Yuki-san mehr als am schüchternen Seitarō, obwohl dieser schwerer erkrankt war als seine Schwester.

„Ich kann mich nicht daran erinnern, einen derartigen Schwächling zur Welt gebracht zu haben!" schimpfte die Mutter drauflos, wann immer sie ins Gartenhaus kam (Seitarō lag dort zu Bett). Aber der einundzwanzigjährige Seitarō gab sehr selten eine Erwiderung, meist lag er nur mit geschlossenen Augen auf dem Rücken. Sein Gesicht war von einer durchsichtigen Blässe. Wenn N. seine kalten Umschläge wechselte, hatte sie manchmal das Gefühl, auf seinen Wangen zeichneten sich die Schatten der Schachtelhalme ab, die im ganzen Garten wucherten.

Eines Abends kurz vor zehn Uhr ging N. zu einer von zahlreichen Lampen hell erleuchteten Straße, die von diesem Haus nur wenige hundert Meter entfernt lag, um Eis für kalte Umschläge zu kaufen. Als sie auf dem Rückweg zu einer Steigung mit einer Reihe von Wohnhäusern kam, wo selten Menschen unterwegs waren, stürzte sich jemand von hinten auf sie und umklammerte sie. N. erschrak natürlich. Noch mehr aber erschrak sie, als sie, unwillkürlich ins Schwanken geratend, über die Schulter hinweg in der Dunkelheit einen flüchtigen Blick auf das Gesicht des Mannes werfen konnte und erkannte, daß es Seitarō zu sein schien. Nicht nur das Gesicht schien identisch, auch die kurzgeschorenen Haare und der weißblau gemusterte Kimono erinnerten sehr an Seitarō. Aber es war undenkbar, daß der Patient Seitarō, der noch zwei Tage zuvor Blut gehustet hatte, sich dorthin aufgemacht haben konnte, geschweige denn, daß er sich derart hätte benehmen können.

„Komm, Mädchen, gib mir Geld!" sagte der junge Mann in einem vertraulichen Ton und hielt N. fest umklammert. Auch seine Stimme erinnerte sie auf geradezu unerklärliche Weise an die von Seitarō. Die beherzte N. packte mit ihrer Linken fest eine Hand des Mannes und sagte:

„Was soll diese Unverschämtheit! Ich wohne hier, wenn Sie nicht aufhören, werde ich den Nachtwächter rufen!", doch der Mann wiederholte nur: „Gib mir Geld!"

N. wurde allmählich nach hinten gezogen, da konnte sie nochmals einen Blick auf den Mann werfen. Auch diesmal waren seine Gesichtszüge ganz gewiß wieder die des „schüchternen" Seitarō. N. wurde plötzlich unheimlich zumute, und ohne die Hand lokkerzulassen, die sie gepackt hielt, rief sie, so laut sie konnte:

„Wächter, Hilfe!"

Als N. rief, versuchte der Mann, seine Hand loszureißen; jetzt ließ auch N. locker. Er stolperte, dann rannte er aus Leibeskräften davon.

Außer Atem eilte N. in den Hausflur der Familie Noda (nachher wurde ihr bewußt, daß die in ihr Umschlagtuch eingewickelten mehreren Pfund Eis ihr schwer auf der Brust gelegen hatten). Im Haus war es wie immer totenstill. Als N. ins Wohnzimmer blickte, hatte sie ein wenig das Gefühl, die Mutter, die eine Abendzeitung vor sich ausgebreitet hatte, zu stören.

„Frau N., was haben Sie denn?" sagte die Mutter fast vorwurfsvoll, als sie N. sah. Sie war nicht nur über die lärmenden Schritte erstaunt, sondern wunderte sich auch, weil N. trotz eines Lächelns noch immer am ganzen Körper bebte.

„Als ich eben zu dieser Steigung kam, hat mir jemand einen üblen Streich gespielt …"

„Ihnen?"

„Aber ja, jemand umklammerte mich von hinten und sagte: *Komm, Mädchen, gib mir Geld …*"

„Ach so, in dieser Gegend gibt es diesen Halbstarken Kobori …"

Doch da meldete sich – wie konnte es anders sein – Yuki-san, die im Nebenzimmer im Bett lag, und noch dazu mit seltsam schroffen Worten, die nicht nur N., sondern auch die Mutter überraschen mußten:

„Mutter, sei doch leise!"

Ein wenig entrüstet über Yuki-sans Worte – oder vielmehr, ohne diesen Worten irgendeine Beachtung zu schenken, verließ N. das Wohnzimmer. Doch noch immer stand ihr das Gesicht des Halbstarken vor Augen, der Seitarō geähnelt hatte. Nein, es war nicht das Gesicht irgendeines Halbstarken, es war allein das Gesicht Seitarōs, dessen Konturen etwas verschwommen waren.

Etwa fünf Minuten später ging N. um die Terrasse und trug kalte Umschläge zum Gartenhaus. Sie konnte sich des Gefühls nicht erwehren, daß sie Seitarō dort nicht vorfinden würde, ja, daß er auf alle Fälle tot sein würde. Doch als sie das Gartenhaus betrat, schlief er still im schummrigen Licht einer Glühbirne. Sein Gesicht war wie immer von einer durchsichtigen Blässe, ganz so, als zeichneten sich darauf die Schatten der Schachtelhalme ab, die im ganzen Garten wucherten.

„Lassen Sie uns die Umschläge wechseln", sagte N. und wurde das Gefühl nicht los, daß er hinter ihr stand.

*****

Als ihre Geschichte zu Ende war, sah ich N. ins Gesicht und sagte ein wenig boshaft:

„War es Seitarō? – Er war es, nicht wahr. Sie haben den Jungen wohl sehr gemocht?"

„Oh ja, ich mochte ihn sehr", antwortete N. weitaus eindeutiger, als ich erwartet hatte.

(Niederschrift am 12.8.1926)

(Haru no yoru)

Fangen spielen

In einer Nebenstraße spielte er Fangen mit einem jüngeren Mädchen. Es war die Stunde, da die Gaslaternen an den Straßenecken aufleuchteten, obgleich es noch hell war.

„Fang mich!"

Während er mühelos davonlief, sah er sich um nach ihr, die ihn jagte. Den Blick fest auf ihn gerichtet, rannte sie mit aller Kraft hinter ihm her. Er betrachtete ihr Gesicht und dachte: *Wie merkwürdig ernst sie aussieht.*

Dieser Ausdruck ihres Gesichts blieb ihm ziemlich lange im Gedächtnis. Doch Monate und Jahre flossen dahin, und mit der Zeit verging auch seine Erinnerung.

Und dann, etwa zwanzig Jahre später, traf er in der Eisenbahn auf dem Weg ins Schneeland des Nordens zufällig wieder mit ihr zusammen. Es war die Stunde, da es draußen dunkelte und er den Geruch schmutziger Schuhe und feuchter Mäntel wahrnahm.

„Lange nicht gesehen."

Er rauchte eine Zigarette (er war erst vor drei Tagen zusammen mit mehreren Genossen aus dem Gefängnis entlassen worden), als sein Blick plötzlich auf ihr Gesicht fiel. Sie hatte vor kurzem ihren Ehemann verloren und erzählte andächtig von ihren Eltern und Geschwistern. Er betrachtete ihr Gesicht und dachte: *Wie merkwürdig ernst sie aussieht.* Und zugleich kehrten die Gefühle des zwölfjährigen Jungen zurück.

Die beiden haben inzwischen geheiratet und besitzen ein Haus in einem Vorort, doch nie wieder hat er seitdem ihr Gesicht so merkwürdig ernst gesehen.

(Niederschrift am 1.12.1926)

(Onigokko)

Die weise Alte

Es war einmal vor langer Zeit ein Student in einem chinesischen Dorf. Wie es in China nicht anders sein kann, war das Fenster, an dem er immerzu lesend saß, von blühenden Pfirsischzweigen umrankt. In seiner Nachbarschaft lebte eine junge Frau – noch dazu eine schöne Frau, die keine Dienstboten hatte. Keine Frage, daß sie den Studenten interessierte. Tatsächlich wußte nämlich niemand etwas über sie, weder wer sie war noch wovon sie lebte.

In der Abenddämmerung eines windstillen Frühlingstages, er verließ gerade das Haus, hörte der Student die junge Frau aufgebracht schimpfen. Inmitten des friedlichen Gegackers irgendwelcher Hühner hörte es sich überaus ernst an. Sich fragend, was das bedeuten mochte, ging er zu ihrem Haus. Da sah er, wie sie wutschnaubend einen greisen Reisigsammler gepackt hielt und ihm immer wieder klatschend auf das schlohweiße Haupt schlug! Und der tränenüberströmte Reisigsammler bettelte jammernd um Vergebung!

„Was geht denn hier vor? Hören Sie auf, diesen alten Mann zu schlagen!" wies der Student die Frau empört zurecht und packte ihre Hand.

„Es versündigt sich, wer einen Älteren schlägt!"

„Einen Älteren? Dieser Reisigsammler ist jünger als ich."

„Mit so etwas sollte man nicht scherzen."

„Wer scherzt hier? Ich bin seine Mutter."

Der Student fühlte sich verspottet und blickte ihr unwillkürlich ins Gesicht. In das schöne – vielmehr, das würdevolle Gesicht der Frau, die endlich den Reisigsammler weggestoßen hatte, kehrte die Farbe zurück, und ohne mit der Wimper zu zucken, sagte sie:

„Ich kann Ihnen gar nicht schildern, wieviel Ärger mein Sohn mir bereitet hat. Aber da er ungeachtet all meiner Ermahnungen stets nur nach seinem Gutdünken gehandelt hat, ist er schließlich in d e Jahre gekommen."

„Aber ... der Reisigsammler ist doch schon um die Siebzig. Und wie alt sind Sie, wenn Sie seine Mutter sind?"

„Ich? Dreitausendsechshundert."

Bei diesen Worten wurde dem Studenten schlagartig klar, daß die schöne Nachbarin eine weise Alte war. Doch da löste sich die übernatürliche Frau bereits in Luft auf. Im sanft fließenden Licht des Frühlingstages ließ sie den Reisigsammler zurück ...

(Niederschrift am 25.2.1927)

(Nyosen)

Im Asakusa-Park
– Ein Drehbuch –

1

Die große, unbeleuchtete Papierlaterne im Niō-Tor von Asakusa. Nach und nach hebt sie sich, man blickt auf die Nakamise-Straße, in der die Menschen sich drängen. Der untere Teil der Laterne bleibt sichtbar. Vor dem Tor zahllose aufflatternde Tauben.

2

Die Nakamise, der Länge nach vom Kaminari-Tor aus. Gegenüber in der Ferne das Niō-Tor. Die Äste der Laubbäume sind kahl.

3

Eine Straßenseite der Nakamise. Ein Mann, er trägt einen Mantel, schlendert mit einem zwölf- oder dreizehnjährigen Jungen die Straße entlang. Der Junge löst sich von der Hand seines Vaters, bleibt immer wieder vor Spielzeugläden stehen. Wiederholt wird er deshalb von seinem Vater ermahnt. Manchmal aber – als habe er seinen Sohn vergessen – starrt auch der Vater in das Schaufenster einer Huthandlung.

4

Die Oberkörper der beiden. Der Vater wirkt überaus bäuerlich, er trägt einen ungepflegten Bart. Der Gesichtsausdruck des Jungen ist eher kläglich als niedlich. Hinter ihnen das Menschengedränge in der Nakamise. Beide kommen auf einen zu.

5

Ein Spielzeugladen aus einem versetzten Blickwinkel. Vor dem Laden stehend betrachtet der Junge einen Spielzeugaffen, der an einem Seil auf und ab klettert. Im Laden ist niemand zu sehen. Der Junge von den Knien aufwärts.

6

Der Affe, der am Seil auf und ab klettert. Die Schöße seines Fracks hängen herab, zudem trägt er einen umgestülpten Zylinderhut auf dem Kopf. Finsternis hinter dem Seil und dem Affen.

7

Die Straßenseite der Nakamise mit dem Spielzeugladen. Der Junge, den Affen betrachtend, bemerkt plötzlich, daß sein Vater weg ist, er beginnt, sich hektisch in seiner Umgebung umzublicken. Dann sieht er etwas auf der gegenüberliegenden Straßenseite und eilt hinüber.

8

Der Rücken eines Mannes, es scheint der Vater zu sein. Auch er nur von den Knien aufwärts. Der Junge folgt ihm dicht auf den Fersen und packt entschlossen den Ärmel seines Mantels. Doch das Gesicht des Mannes, der sich verblüfft umdreht, ist nicht das des bäuerlichen Vaters. Er ist ein städtischer Gentleman mit einem sorgsam gestutzten Oberlippenbart. Der Gesichtsausdruck des Jungen wird enttäuscht und verlegen. Der Gentleman läßt ihn stehen und geht rasch davon. Mit dem fernen Kaminari-Tor im Hintergrund steht der Junge ratlos und allein.

9

Wiederum scheinbar der Rücken des Vaters. Diesmal jedoch nur der Oberkörper. Der Junge folgt dem Mann und blickt zaghaft auf zu seinem Gesicht. Hinter ihnen das Niō-Tor.

10

Das Gesicht des Mannes von vorne. Der Mund ist hinter einem Mundschutz verborgen, es ähnelt mehr einem Tier als einem Menschen. Ein boshaftes Lachen.

11

Eine Straßenseite der Nakamise. Dem Mann nachblickend steht der Junge völlig verwirrt dort. Es scheint ihm bewußt zu werden, daß sein Vater offensichtlich nicht auffindbar ist. Nach kurzem Besinnen geht er ziellos weiter. Er bemerkt nicht, daß sich zwei westlich gekleidete Mädchen nach ihm umdrehen.

12

Das Schaufenster einer Brillenhandlung. Ausgestellt sind Brillen für Kurzsichtige und Weitsichtige, Ferngläser, Vergrößerungsgläser, Mikroskope und Staubschutzbrillen; mittendrin der Kopf einer Puppe, ein Mann aus dem Westen, eine Brille tragend und lächelnd. Der Rücken des Jungen vor dem Schaufenster. Nur sein Oberkörper jedoch, versetzt von hinten. Der Puppenkopf wird unversehens lebendig und spricht den Jungen an.

13

„Kaufe dir eine Brille! Du solltest eine Brille aufsetzen, um deinen Vater zu finden!"
„Aber ich habe keine schlechten Augen!"

14

Das Schaufenster eines Ladens mit Kunstblumen aus einem versetzten Blickwinkel. Die Pflanzen stehen blühend in Bambuskörben und Keramiktöpfen. Die Größte unter ihnen, eine Tigerlilie, steht links. Die Schaufensterscheibe beginnt den Oberkörper des Jungen zu spiegeln, auf eine geisterhaft verschwommene Art.

15

Der Oberkörper des Jungen, durch die Glasscheibe, die ihn von den Kunstblumen trennt. Er preßt seine Hände an die Scheibe. Das Glas beschlägt wie von seinem Atem, sein Gesicht verschwimmt.

16

Die Tigerlilie im Schaufenster. Der Hintergrund liegt in Finsternis.

Unmerklich erblühen nach und nach auch ihre herabhängenden Knospen.

17
„Sieh dir an, wie schön ich bin!"
  „Aber du bist doch eine Kunstblume?"

18
Von einer Straßenecke aus das Schaufenster eines Tabakladens. Ausgestellt sind Tabakdosen, Zigarettenschachteln und Pfeifen; dazwischen ein schräg hängendes Plakat mit der Aufschrift: *Der Tabakrauch ist das Tor zum Paradies.* Allmählich steigt Rauch aus den Pfeifen auf.

19
Die Front des Schaufensters, in dem Rauchschwaden wallen. Der Junge rechts davor. Seine Gestalt wiederum nur von den Knien aufwärts. Aus dem Rauch tauchen verschwommen drei Burgen auf. Sie ähneln einem realen Abbild des Markenzeichens „Three Castles".

20
Eine der Burgen. Am Burgtor steht ein Soldat Gewehr bei Fuß. Einige Palmen schwanken vor dem schmiedeeisernen Gittertor.

21
Über dem Burgtor. Dort erscheint unmerklich waagerecht der Spruch: *Zum Helden wird, wer dieses Tor durchschreitet.*

22
Der Junge kommt auf einen zu. Versetzt hinter ihm das Schaufenster des Tabakladens. Er wirft einen Blick zurück und geht rasch weiter.

23
In einem Glockenturm, nur die Tempelglocke ist sichtbar. Eine

Hand zieht am Seil des hölzernen Glockenschlägels, die Glocke ertönt. Einmal, zweimal, dreimal – außerhalb des Glockenturms nur Kiefern.

24

Eine Schießbude aus einem versetzten Blickwinkel. Im Hintergrund als Ziele aufeinander gestapelte Tabakdosen und davor aufgereihte Hakata-Tonfiguren. Im Vordergrund liegt eine Reihe Luftgewehre. Eine der Figuren verkörpert eine Frau in einem westlichen Kleid, die einen Fächer hält. Schüchtern betritt der Junge die Bude, nimmt eines der Gewehre und legt es an, ohne besonders zu zielen. In der Schießbude ist niemand außer ihm. Der Junge von den Knien aufwärts.

25

Die Tonfigur der westlichen Frau. Langsam spannt sie den Fächer auf und verbirgt vollständig ihr Gesicht. Dann die Korkkugel, die sie trifft. Sie stürzt auf den Rücken. Finsternis hinter der Figur.

26

Weiterhin die Schießbude. Wieder bringt der Junge ein Gewehr in Anschlag, diesmal zielt er genau. Drei Schüsse, vier, fünf – doch kein Ziel fällt. Widerwillig wirft er eine Silbermünze hin und verläßt die Bude.

27

Zu Anfang ist im Halbdunkel nur ein Viereck zu erkennen. Dann leuchtet eine Lampe darin auf, waagerecht erscheint die Beschriftung: (oben) *Park, 6. Bezirk*, (unten) *Nachtwache*. Die obere Aufschrift ist weiß auf schwarz, die untere rot auf schwarz.

28

Der obere Teil der Rückfront eines Theaters. Ein einzelnes erleuchtetes Fenster ist sichtbar. An der Wand, an der eine Regenrinne senkrecht befestigt ist, hängen die zerfetzten Überreste diverser Plakate.

29
Der untere Teil der Rückfront des Theaters. Der Junge steht dort, einige Augenblicke ist er offenbar unschlüssig, wohin er sich wenden soll. Dann blickt er hinauf zum hohen Fenster. Dort ist jedoch niemand zu sehen. Ein stämmiger Bullterrier läuft herbei, umkreist den Jungen und beschnüffelt ihn.

30
Der obere Teil der Rückfront des Theaters. Am erleuchteten Fenster erscheint eine Tänzerin und blickt teilnahmslos auf die Straße hinab. Im Gegenlicht sind ihre Gesichtszüge zunächst nicht deutlich zu sehen, doch dann wird ihr Gesicht erkennbar, das ähnlich kläglich wirkt wie das des Jungen. Langsam öffnet sie das Fenster und wirft einen kleinen Blumenstrauß hinab.

31
Auf der Straße die Füße des Jungen. Ein kleiner Blumenstrauß kommt gefallen. Die Hand des Jungen hebt ihn auf. Als er den Strauß von der Straße hebt, verwandeln sich die Blumen unversehens in ein dorniges Büschel.

32
Eine schwarze Mitteilungstafel, auf der die mit Kreide geschriebenen Worte stehen: *Nordwind, heiter.* Sie verschwimmen und werden zu den Worten: *Kräftig auflebender Südwind. Regnerisch.*

33
Der Stand eines Schildermachers aus einem versetzten Blickwinkel. Auf den im Zelt ausgestellten Musterschildern stehen Namen wie *Tokugawa Ieyasu, Ninomiya Sontoku, Watanabe Kazan, Kondō Isami* oder *Chikamatsu Monzaemon.* Unmerklich verwandeln sie sich in völlig gewöhnliche Namen. Dann taucht hinter den Schildern verschwommen ein Kürbisacker auf …

34
Mehrere Filmtheater an einem Teich. Im Wasser spiegeln sich zahl-

lose elektrische Lampen. Der Oberkörper des Jungen links am Teich. Mit einem Schlag fliegt seine Mütze durch einen Windstoß ins Wasser. Ärgerlich hastet er hinterher, dreht sich dann um und kommt auf einen zu. Sein Gesichtsausdruck ist der Verzweiflung nahe.

35
Das Schaufenster eines Cafés. Hinter Zuckertürmen, Kuchen und Gläsern mit Soda, in denen Strohhalme stecken, bewegen sich etliche Personen. Der Junge geht am Schaufenster vorbei und bleibt links davor stehen. Seine Gestalt von den Knien aufwärts.

36
Das Café von außen. Ein Paar mittleren Alters tritt durch die Glastür hinein. Die Frau trägt ein in eine Decke gehülltes Kind auf dem Arm. Dann dreht sich das Café unmerklich um die eigene Achse, man sieht den Hinterhof der Küche, wo sich ein Schornstein befindet. Dort gehen zwei Arbeiter auf und ab und reden aufeinander ein. Eine Öllampe brennt …

37
Der Oberkörper des Kindes von zuvor auf einem Kinderstuhl an einem Tisch. Mit strahlendem Gesicht schüttelt das Kind den Kopf und reckt die Arme. Hinter ihm ist nichts zu sehen. Dann fallen einzelne Rosenblüten langsam herab.

38
Eine Rechenmaschine aus einem versetzten Blickwinkel. An der Maschine bewegen sich pausenlos zwei Hände, offensichtlich die Hände einer Frau. Dann eine offenstehende Schublade. Sie ist voller Münzen.

39
Das Schaufenster des Cafés von zuvor. Unverändert auch die Gestalt des Jungen. Nach einer kurzen Weile dreht er sich langsam um und geht mit raschen Schritten auf einen zu. Wenn nur noch sein

Gesicht zu sehen ist, bleibt er abrupt stehen und betrachtet etwas. Ein ziemlich verblüffter Gesichtsausdruck.

40

Ein fliegender Händler in einer Gruppe von Schaulustigen. Zwischen ausgebreiteten Stoffwaren stehend, schwingt er einen breiten Stoffgürtel und redet eifrig auf die Umstehenden ein.

41

Der Gürtel in der Hand des Händlers. Er wird in alle Richtungen geschwungen, man sieht ein Stück Stoff von annähernd einem Meter Länge. Das Muster besteht aus vergrößerten Schneeflocken. Während sie sich drehen, fallen die Flocken allmählich im Kreis aus dem Gürtel heraus.

42

Ein Stand mit Wirkwaren. Unter aufgehängten Unterhemden und Unterhosen sitzt eine alte Frau an einem Fußwärmer. Auch vor ihr liegen Wäschestücke. Hin und wieder sind auch wollene Strickwaren darunter. Am Rande des Fußwärmers liegt eine schwarze Katze, die ihre Pfoten leckt.

43

Die schwarze Katze am Rande des Fußwärmers. Links von ihr sieht man die Beine des Jungen. Die Katze ist zunächst unverändert, trägt aber plötzlich einen Fes mit langen Troddeln auf dem Kopf.

44

„Junger Herr, kaufen Sie doch einen Pullover!"
   „Ich könnte mir nicht einmal eine Mütze kaufen!"

45

Der Oberkörper des offensichtlich erschöpften Jungen hinter dem Stand der Wirkwaren-Händlerin. Er beginnt zu weinen. Doch schließlich beruhigt er sich wieder und kommt zum Himmel aufblickend erneut auf einen zu.

46
Der Abendhimmel mit schwach funkelnden Sternen. Dort erscheint verschwommen ein großes Gesicht, scheinbar der Vater des Jungen. Ein grenzenlos niedergeschlagener Gesichtsausdruck, wenngleich er voller Zuneigung ist. Doch nach wenigen Augenblicken löst das Gesicht sich wie Nebel auf.

47
Man blickt eine Straße geradewegs hinab. Mit dem Rücken zum Betrachter geht der Junge die fast menschenleere Straße hinunter. Ein Mann folgt dem Jungen und dreht sich kurz um, man erblickt ein Gesicht mit einem Mundschutz. Der Junge wendet sich nicht um.

48
Ein Haus mit einem Gittertor aus einem versetzten Blickwinkel. Drei Rikschas warten abfahrbereit davor. Weiterhin sind kaum Menschen unterwegs. Eine verschleierte Braut tritt zusammen mit mehreren Personen aus dem Gittertor, langsam besteigen sie die Rikschas. Wenn alle drei Rikschas besetzt sind, setzen sie sich in Bewegung, die mit der Braut zuerst. Ab da der Rücken des Jungen. Die Menschen vor dem Gittertor bemerken ihn nicht.

49
Rechteckige Bretter mit den Aufschriften: *Die Spezialprodukte der XYZ GmbH – Ein Kind wird vermißt – Ein künstlerischer Film.* Das Bild wandelt sich zu dem eines Mannes, der als wandelnde Litfaßsäule die Bretter an Brust und Rücken trägt. Obgleich ein alter Mann, ähnelt er dem städtischen Gentleman, der zuvor auf der Nakamise ging. Im Hintergrund nun eine belebtere Straße mit einer Zeile unterschiedlicher Läden. Der Junge geht dort vorbei und nimmt sich eines der Mitteilungsblätter, die der Werbeträger verteilt.

50
Man blickt die gleiche Straße hinab. Ein Kriegsveteran an Krücken

entfernt sich langsam. Plötzlich verwandelt er sich in einen Vogel Strauß, wird aber nach wenigen Momenten wieder zu dem Kriegsveteran. An der Ecke einer Seitenstraße steht ein Briefkasten.

51
„Eile! Eile! Jeder Augenblick kann der letzte sein!"

52
Der Briefkasten an der Straßenecke. Plötzlich wird er durchsichtig, sein zylindrischer Inhalt aus zahllosen aufeinander liegenden Briefen kommt zum Vorschein. Doch augenblicklich wird er wieder zu einem einfachen Briefkasten. Finsternis hinter dem Kasten.

53
Eine Straße mit Geisha-Häusern aus einem versetzten Blickwinkel. Zwei Geishas auf dem Weg zu einem Engagement treten aus einem Gittertor, das von einer Laterne beleuchtet wird, und kommen langsam auf einen zu. Die Gesichter der beiden sind ausdruckslos. Sie gehen vorüber, dann geht die Gestalt des Jungen nach hinten weg. Er wirft einen Blick zurück. Sein Gesichtsausdruck ist noch untröstlicher als zuvor. Nach und nach wird seine Gestalt kleiner. E n kleinwüchsiger Stimmenimitator, der im Hintergrund stand, kommt nun auf einen zu. Wenn sein Gesicht nahe genug ist, erkennt man eine vage Ähnlichkeit mit dem Jungen.

54
Etliche Zöpfe hängen im Kreis an einem hohen Drahtring. Zwischen den Zöpfen hängt ein Schild mit der Aufschrift: *Haarteile mit Echthaar.* Unmerklich verwandelt sich der Ring mit den Zöpfen n den Perückenständer eines Frisiersalons. Finsternis hinter dem Ständer.

55
Der Frisiersalon von außen. Hinter einer großen Glasscheibe bewegen sich mehrere Personen. Der Junge kommt und lugt hinein.

56

Das Profil eines Mannes, der einen Kopf schert. Nach wenigen Augenblicken wird das Bild wieder zu dem eines hohen Drahtringes, an dem viele Zöpfe hängen. Ein Schild hängt zwischen ihnen, diesmal trägt es die Aufschrift: *Haarteile.*

57

Ein im sezessionistischen Stil erbautes Krankenhaus. Der Junge geht vom Betrachter weg und darauf zu, er steigt die Steintreppe hinauf, doch als es den Anschein hat, daß er durch die Tür treten wird, macht er kehrt und steigt die Treppe wieder hinab. Er geht nach links weg, dann rückt das Krankenhaus langsam näher, schließlich sieht man nur noch den Eingang. Eine Krankenschwester stößt die Tür auf und tritt hinaus. Am Eingang stehend blickt sie in die Ferne.

58

Die oberhalb der Knie verschränkten Hände der Krankenschwester. Sie trägt einen Verlobungsring an der linken Hand, die über ihrer Rechten liegt. Von ihr unbemerkt fällt der Ring plötzlich herab.

59

Eine Betonmauer, die noch ein wenig Himmel erahnen läßt. Sie wird unversehens durchsichtig, zum Vorschein kommt eine Affenhorde, die sich in einem Käfig drängelt. Dann verwandelt sich die Mauer in die Bühne eines Marionettentheaters. Das Bühnenbild stellt unverkennbar ein westliches Zimmer dar. Eine Puppe, die einen Mann aus dem Westen verkörpert, blickt sich vorsichtig darin um. Angesichts der Vermummung ist es offenbar ein Dieb, der sich in das Zimmer geschlichen hat. In einer Zimmerecke steht ein Tresor.

60

Die Puppe, die einen Mann aus dem Westen darstellt, hat den Tresor aufgebrochen. Deutlich erkennbar sind jedoch einige dünne Fäden an den Gliedmaßen der Puppe …

61

Die Betonmauer von zuvor aus einem versetzten Blickwinkel. Die
Mauer läßt nichts mehr erkennen. Der Schatten des Jungen zieht
an ihr vorbei. Jetzt folgt ihm der Schatten eines Buckligen.

62

Eine Straße von oben aus einem versetzten Blickwinkel. Dort wird
ein einzelnes Laubblatt vom Wind umhergetrieben. Ein weiteres
Laubblatt segelt dorthin herab, kleiner als das erste. Schließlich
kommt ein Blatt Papier geflattert, offenbar eine zerfetzte Seite aus
einer Zeitschrift. Deutlich erkennbar aber ist die Überschrift einer
Neujahrsnummer: *Das tägliche Leben – Neujahrsausgabe.*

63

Eine Bank unter hohen immergrünen Bäumen. Hinter den Bäumen sieht man einen Teil des Teiches von zuvor. Der Junge nähert
sich und nimmt niedergeschlagen Platz. Er beginnt Tränen zu wi-
schen. Jetzt kommt der Bucklige zur gleichen Bank und setzt sich.
Im Hintergrund zittern die Bäume im Wind. Plötzlich starrt der Junge den Buckligen an. Der jedoch würdigt ihn keines Blickes. Zudem nimmt er eine gebratene Kartoffel aus seinem Beutel und beginnt sie gierig zu verschlingen.

64

Das Gesicht des Buckligen, der die Bratkartoffel ißt.

65

Die Bank im Dunkel der immergrünen Bäume. Der Bucklige kaut
noch immer an der Kartoffel. Schließlich steht der Junge auf und
geht hängenden Kopfes davon.

66

Eine Bank versetzt von oben. Auf den offenen Brettern liegt eine
Geldbörse. Dann greift eine Hand danach.

67

Die Bank im Dunkel der immergrünen Bäume. Diesmal jedoch aus einem versetzten Blickwinkel. Auf der Bank ein Buckliger, der den Inhalt einer Geldbörse prüft. Plötzlich tauchen mehrere Bucklige rechts und links von ihm auf, schließlich sitzen lauter Bucklige auf der Bank. Zudem prüft jeder von ihnen mit dem gleichen Eifer den Inhalt einer Geldbörse. Sie unterhalten sich dabei.

68

Das Schaufenster eines Photographen. Diverse Aufnahmen von Männern und Frauen hängen jeweils einzeln in Bilderrahmen. Dann wandeln sich die Gesichter plötzlich in die alter Menschen. Ein einzelnes Photo jedoch, das Brustbild eines alten Mannes mit Backenbart in einem ordenbesetzten Frack, ist davon nicht betroffen. Sein Gesicht wird unmerklich zu dem des Buckligen.

69

Der Kannon-Tempel aus einem seitlichen Blickwinkel. Der Junge kommt unterhalb davon. Über dem Tempel die sehr schmale Sichel des zunehmenden Mondes.

70

Ein Teil der Fassade des Kannon-Tempels. Das Tor ist jedoch verschlossen. Eine Gruppe von Betenden steht davor. Der Junge tritt näher, mit dem Rücken zum Betrachter blickt er zum Tempel empor. Plötzlich wendet er sich um und geht rasch zur Seite weg.

71

Ein großes, rechteckiges Wasserbecken versetzt von oben. Mehrere Schöpfkellen spiegeln sich flackernd im bewegten Wasser. Dann spiegelt sich auch das völlig erschöpfte Gesicht des Jungen darin.

72

Der untere Teil einer großen Steinlaterne. Der Junge sitzt dort, bedeckt mit beiden Händen sein Gesicht und beginnt zu weinen.

73
Hinter der Steinlaterne. Ein Mann steht dort und lauscht.

74
Der Oberkörper des Mannes. Sein Gesicht ist zunächst abgewandt, doch als er sich langsam umdreht, entpuppt er sich als der Mann mit dem Mundschutz. Nach wenigen Augenblicken wird das Gesicht zu dem des Vaters.

75
Der obere Teil der Steinlaterne. Oberhalb ihrer Säule fängt sie unversehens Feuer und geht in Flammen auf. Das Feuer brennt nieder, dann beginnt eine Chrysantheme darin zu erblühen. Sie wird größer als der Laternenschirm.

76
Der untere Teil der Steinlaterne. Der Junge sitzt unverändert dort. Ein Streifenpolizist, die Mütze tief in die Stirn gezogen, tritt näher und legt ihm eine Hand auf die Schulter. Überrascht steht der Junge auf und spricht mit dem Polizisten. Dann geht er an dessen Hand langsam davon.

77
Hinter der Steinlaterne. Nun steht niemand mehr dort.

78
Wieder die große Papierlaterne im Niō-Tor. Nach und nach hebt sie sich, wie zu Beginn blickt man auf die Nakamise. Der untere Teil der Laterne bleibt sichtbar.

(Niederschrift am 14.3.1927)

(Asakusa kōen)

Ein Sozialist

Er war ein junger Sozialist. Sein Vater, ein niederer Beamter, trug sich daher mit der Absicht, ihn zu enterben, doch er blieb unbeugsam. Zum einen war seine Begeisterung groß, zum anderen ermutigten ihn auch seine Freunde.

Sie hatten eine Gruppe gegründet, gaben zehnseitige Broschüren heraus und veranstalteten Vorträge. Selbstverständlich nahm er immer an ihren Treffen teil, zudem veröffentlichte er von Zeit zu Zeit Aufsätze in diesen Broschüren. Wahrscheinlich las außerhalb ihrer Gruppe niemand seine Texte. Auf einen seiner Aufsätze aber – er trug den Titel *Gedenken an Liebknecht* – war er ein bißchen stolz. Die darin enthaltenen Gedanken mögen nicht allzu präzise gewesen sein, doch war der Aufsatz reich an dichterischer Begeisterung.

Irgendwann schloß er die Schule ab und begann in einem Zeitschriftenverlag zu arbeiten, ohne jedoch seine Teilnahme an den Treffen zu vernachlässigen. Nach wie vor diskutierten sie leidenschaftlich ihre Fragen und waren überdies ausdauernd und hartnäckig bemüht, allmählich eine politische Praxis zu entwickeln.

Auch sein Vater mischte sich nun nicht mehr in sein Leben ein. Er heiratete, bezog mit seiner Frau ein kleines Haus. Tatsächlich war es ein sehr kleines Haus, doch er war alles andere als unzufrieden, er fühlte sich sogar ziemlich glücklich. Seine Frau, der kleine Hund, die Pappel am Ende des Gartens – das alles gab seinem Alltag eine gewisse Geborgenheit, die ihm bis dahin unbekannt gewesen war.

Weil er nun verheiratet war, aber auch, weil er einem zeitraubenden Beruf nachging, vernachlässigte er allmählich die Treffen der Gruppe. Seine Begeisterung aber ließ keineswegs nach, er selbst zumindest war der Überzeugung, daß er auf alle Fälle noch derselbe war wie einige Jahre zuvor. Die anderen jedoch – seine Genossen – dachten nicht so wie er. Besonders die jungen Leute, die sich der Gruppe neu angeschlossen hatten, hielten mit ihrer Kritik an seiner Untätigkeit nicht hinter dem Berg.

Unweigerlich führte dies dazu, daß er mit der Zeit noch mehr Abstand von ihren Treffen nahm. Dann wurde er Vater und fühlte sich immer geborgener in seiner Familie. Doch seine Begeisterung galt letzten Endes dem Sozialismus, seine nächtlichen Studien im Schein einer Lampe betrieb er weiterhin mit Fleiß. Zugleich wurde er allmählich unzufrieden mit seinen früheren Aufsätzen (es mochten zehn oder mehr gewesen sein) – vor allem mit jenem *Gedenken an Liebknecht*.

Auch die Mitglieder der Gruppe wurden ihm gegenüber gleichgültiger, er war schon nicht mehr so wichtig, daß man ihm Vorwürfe gemacht hätte. Nachdem sie ihn hinter sich gelassen hatten – beziehungsweise mehrere Leute hinter sich gelassen hatten, die ihm mehr oder weniger ähnlich waren –, brachten sie zielstrebig ihre politische Arbeit voran. Wenn er einen der alten Freunde traf, beschwerte er sich stets aufs neue über die Gleichgültigkeit der anderen. Aber eigentlich war auch er inzwischen zufrieden mit dem ruhigen Leben eines gewöhnlichen Menschen.

Es vergingen etliche Jahre, er arbeitete mittlerweile in einer Firma und hatte das Vertrauen seiner Vorgesetzten erworben. Folglich lebten er und seine Frau nun in einem erheblich größeren Haus als früher; sie zogen inzwischen mehrere Kinder groß. Seine Begeisterung aber – die Götter allein mochten wissen, was aus seiner Begeisterung geworden war. Gelegentlich, während er im Korbsessel eine Zigarre genoß, erinnerte er sich an seine Jugendzeit. Er mußte sich eingestehen, daß diese Erinnerungen ihn auf eine seltsame Art bedrückten, doch die östliche Fähigkeit, *sich abzufinden*, kam ihm dann stets zu Hilfe.

Gewiß, er war auf der Strecke geblieben. Sein Aufsatz *Gedenken an Liebknecht* jedoch erschütterte einen jungen Mann aus Ōsaka, der in Aktien spekuliert und schließlich das von seinen Eltern ererbte Vermögen verloren hatte. Der junge Mann las seinen Aufsatz und wurde dadurch zum Sozialisten. Der Verfasser des Aufsatzes weiß davon selbstverständlich nichts. Auch jetzt sitzt er in seinem Korbsessel, genießt eine Zigarre und erinnert sich seiner Jugendzeit – menschlich, vielleicht allzu menschlich.

(Niederschrift am 10.12.1926)

(Aru shakaishugisha)

CARMEN

Ereignete es sich vor oder nach der russischen Révolution – es muß danach gewesen sein, denn ich erinnere mich an einen Scherz des Dichters Dantschenko, den ich damals zufällig aufschnappte.

Es war eine drückend schwüle, regnerische Nacht, Bühnenleiter T. stand auf einem Balkon des Kaiserlichen Theaters, ein Glas Mineralwasser in der Hand, und sprach mit dem Dichter Dantschenko – dem flachsblonden, blinden Dantschenko.

„Das nenne ich den Geist unserer Zeit! Von weither kommt die russische Oper nach Tōkyō!"

„Ja, die Bolschewiki sind wahre Opernrevolutionäre."

Die Unterhaltung fand am fünften Abend nach der Gastspielpremiere statt – es war der Abend, an dem *Carmen* aufgeführt wurde. Ina Buruskaya, für die ich mittlerweile schwärmte, sollte die Titelrolle singen. Ina war eine ausgesprochen sinnliche Frau mit großen Augen und energischen Nasenflügeln, ich freute mich darauf, sie als Carmen zu sehen. Doch als sich der Vorhang zum ersten Akt hob, sah man anstelle von Ina eine überaus armselige Sängerin mit hellblauen Augen und einer langen Nase in der Hauptrolle. T. und ich saßen im Smoking Schulter an Schulter in einer Loge; ich machte keinen Hehl aus meiner Enttäuschung.

„Was denn, Carmen wird nicht von Ina gespielt!"

„Ich habe schon gehört, daß Ina heute abend pausieren würde, und zwar aus einem außerordentlich romantischen Anlaß."

„Was ist denn passiert?"

„Ein zaristischer Marquis ist Ina nachgereist, vor zwei Tagen kam er in Tōkyō an. Er wußte allerdings nicht, daß sich inzwischen ein amerikanischer Geschäftsmann um sie kümmert. Bei dessen Anblick muß den Marquis die Verzweiflung gepackt haben, denn gestern abend hat er sich in seinem Hotelzimmer erhängt."

Als T. mir die Geschichte erzählt hatte, fiel mir eine bestimmte Szene ein. Sie hatte sich in später Nacht in einem Hotelzimmer abgespielt; Ina, die einen schwarz-roten Kimono trug, war umringt von einer Gruppe von Personen und mischte Spielkarten, aus denen sie in Zigeunermanier die Zukunft las. Irgendwann lächelte sie T. an und sagte: „Jetzt sehen wir uns Ihr Schicksal an" (wobei ich ihre Worte nur aus zweiter Hand weiß, denn da ich außer „da" kein Wort Russisch verstehe, wurde ihre Bemerkung mir von T. übersetzt, der ein rundes Dutzend Sprachen beherrscht). Sie deckte die Karten auf und sagte zu ihm: „Sie haben mehr Glück als er! Sie werden die Frau heiraten, die Sie lieben." *Er* war ein Russe, der neben Ina stand und gerade mit jemandem sprach. Leider konnte ich mich später weder an sein Gesicht noch an seine Kleidung erinnern, nur noch dunkel daran, daß er eine Nelke im Knopfloch trug. Ich fragte mich, ob der Mann, der sich erhängt hatte, weil Ina ihn nicht mehr liebte, der *Er* von jenem Abend war?

„Dann konnte sie heute abend selbstverständlich nicht auftreten."

„Gehen wir bei Gelegenheit hinaus und trinken ein Glas?" sagte T., der selbstredend auch ein Ina-Verehrer war.

„Gut, nach dem nächsten Vorhang?"

Es dürfte in dieser Pause gewesen sein, daß wir mit Dantschenko sprachen.

Auch der nächste Akt ödete uns an. Allerdings saßen wir noch keine fünf Minuten wieder auf unseren Plätzen, als eine Gruppe von fünf oder sechs Ausländern eine Loge vis-à-vis der unseren betrat, und zudem ging allen voran unverkennbar keine andere als Ina Buruskaya. Sie nahm ganz vorne in der Loge Platz, schwenkte ihren Fächer aus Pfauenfedern und begann, in aller Gelassenheit das Geschehen auf der Bühne zu beobachten. Noch dazu scherzte sie in offensichtlich bester Laune mit den Männern und Frauen in ihrer Begleitung (unter denen sich zweifellos auch ihr amerikanischer Freund befunden haben dürfte).

„Da ist Ina!"

„Ja, tatsächlich."

Wir verließen unsere Loge bis zum letzten Akt nicht mehr – bis Don José, Carmens Leichnam in den Armen haltend, laut wehklagt: *Carmen! Carmen!* Natürlich harrten wir nicht aus, um die Bühnenhandlung zu verfolgen, sondern um Ina Buruskaya zu sehen – die russische Carmen, die offensichtlich keinen Gedanken daran verschwendete, daß ein Mann sich wegen ihr das Leben genommen hatte.

Ein paar Tage danach, es war am Abend, saß ich mit T. an einem Tisch in der Ecke eines Restaurants.

„Bestimmt ist dir aufgefallen, daß Ina seit dem Abend neulich den Ringfinger der linken Hand bandagiert hat?"

„Ja, richtig, sie trägt einen Verband."

„Als sie an dem Abend in ihr Hotel zurückkehrte …"

„Trink das nicht!" warnte ich T. In seinem funkelnden Glas schwamm zappelnd ein kleiner Maikäfer auf dem Rücken. T. zog eine angewiderte Grimasse und goß seinen Weißwein auf den Fußboden.

„Sie hat Teller an die Wände geschmettert, dann nahm sie die Scherben als Castagnetten, ohne sich um ihren blutenden Finger zu scheren …"

„Hat sie wie Carmen getanzt?"

Leise brachte der grauhaarige Ober uns die bestellten Lachsteller, mit einer Miene, die ganz und gar nicht zu unserer Aufgeregtheit passen wollte …

(Niederschrift am 10.4.1926)

(Karumen)

Zwei Maler

Picasso belagert unentwegt eine Burg. Eine Burg, die zu erobern er Jeanne d'Arc sein müßte. Vermutlich weiß er selbst, daß er sie nicht erobern kann. Und doch belagert er sie hartnäckig weiter, einsam im Feuer seiner einzigen Haubitze. Wendet man sich ab von Picasso und betrachtet Matisse, empfindet man fraglos eine gewisse Erleichterung. Matisse läßt Jachten über die See gleiten. Weder Schlachtenlärm noch Pulvergestank steigt von ihnen auf. Dreieckige Segel nur, mit weißen Streifen auf rosafarbenem Grund, blähen sich im Wind. Durch Zufall sah ich der beiden Bilder, fühlte mich solidarisch mit Picasso, fand zugleich Matisse sowohl sympathisch als auch beneidenswert. Eindringlich lehrt seine Hand auch einen Laien wie mich, was Realismus bedeutet. Doch obgleich seine eindringlich realistische Hand seinen Bildern Lebendigkeit verleiht, lassen die ornamentalen Effekte mitunter die Komposition ein wenig mißglückt erscheinen. Ich ziehe Picasso vor. Picasso, dessen Helmbüschel vom Feuer versengt, dessen Lanzenschaft zerbrochen ist …

(Niederschrift am 6.5.1927)

(Futari no kōmō gaka)

Zehn Nadelstiche

I Gewisse Leute

Ich weiß Bescheid über gewisse Leute. Sie erfassen alles intuitiv und sezieren es zugleich. Mit anderen Worten: in ihren Augen ist eine Rose schön, doch zugleich im Grunde nur eine Pflanze aus der Gattung der Rosengewächse, die sie aus ihrem Botanik-Lehrbuch kennen. Selbst dann, wenn sie die Rose brechen …

Leute, die nur intuitiv erfassen, sind glücklicher als sie. Ihnen (dem intuitiven Erfassen und gleichzeitigen Sezieren) wurde eine Tugend nicht zuteil, die man als Ernsthaftigkeit bezeichnen könnte. Sie vergeuden ihr ganzes Leben mit einem grauenvollen Unfug. Alles Glück minimieren sie, um es zu sezieren; allen Schmerz maximieren sie, um ihn zu sezieren. *Besser, sie wären nie geboren* – dieses Wort trifft wahrhaft auf sie zu.

II Wir

Wir sind nicht nur wir selbst, denn alle unsere Ahnen leben in uns weiter. Folgen wir den Ahnen in uns nicht, stürzen wir zwangsläufig ins Verderben. *Karma* – der Begriff dient wohl dazu, dieses Verderben gleichnishaft zu deuten. *Uns selbst entdecken* bedeutet, die Ahnen in uns zu entdecken. Aber auch die himmlischen Götter, die uns leiten.

III Rabe und Pfau

Am meisten graut uns vor der Tatsache, daß wir niemals über uns hinauswachsen können. Doch mag man noch so blind vor Optimismus sein, aus einem Raben wird niemals ein Pfau. Eines Dichters einzeiliges Gedicht enthält stets seine gesamte Dichtung.

IV Der Strauß Luft

Alles mögliche erklären die Wissenschaften. Sie dürften auch in Zukunft noch alles mögliche erklären. Wir schätzen jedoch schlichtweg nur die Wissenschaften an sich, beziehungsweise die Technik an sich. – Mit anderen Worten: den Blumenstrauß, den wir bei unseren geistigen Luftsprüngen erhaschen. Zwar sage ich nicht: *L' homme est rien*, doch bestehen in der Tat keine besonders großen Unterschiede zwischen uns *als Menschen an sich*. In den Psychiatrien wimmelt es von *an-sich*-Baudelaires. Aber keiner von ihnen brachte jemals *Die Blumen des Bösen* oder *Kleine Gedichte in Prosa* zu Papier.

V 2+2=4

2+2=4 – das ist eine Tatsache. Allerdings ist festzuhalten, daß dieses + in Wahrheit unzählige Faktoren in sich birgt. Mit anderen Worten: dieses + enthält alle denkbaren Probleme.

VI Das Paradies

Könnten wir das Paradies errichten, es wäre nur auf Erden. Ein Paradies, versteht sich, in dem die Rosen von Dornenbüschen umgeben ihren Duft verströmten. Und außer Menschen, die sich mit einer Hoffnungslosigkeit abgefunden hätten, die sie als *Entsagung* ausgäben, liefen dort eine Menge Hunde umher. Aber ein Hund zu werden wäre auch nicht übel.

VII Reue

Wir werden von jeder denkbaren Reue geplagt. Doch jede denkbare Reue äußert sich in folgender Form: „Ich durfte nicht tun, was ich *tat*. Ich sollte tun, was ich *sage*."

VIII Andere Leute

Ich weiß auch über andere Leute Bescheid. Sie sind in allem unersättlich. Sie geben sich nie zufrieden mit einer Frau, einer Idee, einer Nelke, einer Scheibe Brot. Also lebt niemand verschwenderischer als sie. Doch zugleich lebt niemand elender, denn ohne es zu merken, werden sie in vielerlei Hinsicht zu Sklaven. Folglich können sie selbst des Paradieses nicht teilhaftig werden, auch wenn s e es anderen zuteil werden lassen – beziehungsweise, anderen den Weg dorthin weisen. *An Begierden zugrunde gehen* – dieses Wort dürfte auf sie gemünzt sein. Selbst ein Fächer aus Pfauenfedern, selbst ein Gericht aus menschenmilchgesäugtem Ferkel verschafft ihnen keine wirkliche Befriedigung. Sie können nicht anders, als Trauer und Leid zu suchen (zusätzlich zu der Trauer und dem Leid, die ihnen ungebeten zufällig zuteil werden). Daher verläuft ein trennender Graben zwischen ihnen und anderen Menschen. Diese Leute sind keine Narren, sie sind noch närrischer als Narren. Ihre einzige Rettung läge darin, zu einem anderen Menschen zu werden. Folglich gibt es für sie keine Rettung.

IX Die Stimme

Man kann sich nicht vorstellen, eine einzelne sprechende Stimme inmitten einer schreienden Menschenmenge hören zu können. Doch in Wahrheit können wir sie durchaus vernehmen – solange unsere innere Flamme noch lodert. – Allerdings wartet seine Stimme wohl immer wieder auf Mikrofone kommender Zeiten.

X Worte

Es ist nicht einfach, anderen zu vermitteln, was man fühlt. Es kommt schlichtweg auf denjenigen an, dem man sich mitteilt. Buddhas alte Worte vom *Lächeln über das Blütenblatt in der Hand*, aber auch seitenlange Zeitungsartikel bleiben vollkommen unbegreiflich, wenn man sich von ihnen nicht angesprochen fühlt. *Seine* Worte kann immer nur ein *zweiter er* verstehen. Doch auch *er* wächst wie eine Pflanze weiter. Was *er* in einem bestimmten Zeitalter sagte, dürfte in einem anderen Zeitalter folglich nur ein *zweiter er* verstehen können.

Nein, der Mensch eines bestimmten Zeitalters dürfte in einem anderen Zeitalter sogar sich selbst wie ein anderer Mensch erscheinen. Doch glücklicherweise wird der *zweite er* glauben, *seine* Worte verstanden zu haben.

(Jippon no hari)

(Nachgelassenes Manuskript)

WINTER

Ich war auf dem Weg nach Ichigaya, zum Gefängnis, eingemummt in meinen schweren Mantel, die russische Lammfellmütze auf dem Kopf. Ein älterer Vetter saß seit einigen Tagen dort ein. Ich ging als Abgesandter meiner Verwandten hin, um ihm Mut zuzusprechen, war aber unbestreitbar auch ein wenig neugierig auf das Gefängnis.

Es war in den letzten Januartagen, und obgleich noch Fahnen vom Neujahrsgeschäft hingen, waren die Straßen der Stadt sprichwörtlich winterlich kahl. Als ich eine Anhöhe hinaufstieg, spürte ich körperlich, wie durch und durch erschöpft ich war. Ein Onkel war im November an Kehlkopfkrebs gestorben, im Januar war ein Sohn entfernter Verwandter von zu Hause durchgebrannt. Die anschließende Inhaftierung meines Vetters brachte mir allerdings die meisten Unannehmlichkeiten ein, denn ich mußte immer wieder mit seinem jüngeren Bruder in Verbindung treten wegen Angelegenheiten, die mich eigentlich überhaupt nicht betrafen. Zudem wurde meine verwandtschaftliche Beziehung ausgenutzt, indem man befand, um die Sache müsse sich jemand kümmern, der in Tōkyō wohne. Ich fühlte mich mittlerweile sehr danach, mich nach dem Besuch bei meinem Vetter wenigstens für eine Woche irgendwo auszuspannen ...

Um das Gefängnis von Ichigaya zog sich ein hoher, mit vergilbtem Gras bewachsener Erdwall. Hinter den dicken Palisaden des mittelalterlichen Tores konnte man einen kiesbestreuten Innenhof mit frostverbrannten Zedern sehen. Ich stand am Tor und gab meine Visitenkarte einem freundlichen Wärter, der einen langen, halbergrauten Backenbart trug. Er führte mich daraufhin in einen nahegelegenen Besucherwarteraum, dessen Vordach von einer dicken Schicht welken Mooses bedeckt war. Drinnen saßen bereits mehrere Besucher, die Decken über ihre Beine gebreitet hatten. Am auffälligsten war eine Frau von Mitte Dreißig, die einen schwarzen Haori aus Seidenkrepp trug und in einer Zeitschrift las.

Von Zeit zu Zeit betrat ein merkwürdig barscher Wärter den Raum und rief mit einer vollkommen teilnahmslosen Stimme der Reihenfolge nach die Nummern der Besucher auf. Doch wie lange ich auch wartete, meine Nummer wurde nicht aufgerufen – gegen zehn Uhr war ich durch das Gefängnistor getreten, mittlerweile zeigte meine Armbanduhr schon auf fast zehn Minuten nach Eins.

Natürlich wurde ich allmählich hungrig, aber noch unerträglicher war die Kälte im Warteraum, in dem es keine Heizung gab. Ich unterdrückte mühsam meine Gereiztheit und trat ständig von einem Fuß auf den anderen. Die vielen Besucher blieben jedoch erstaunlich gelassen. Insbesondere fiel mir ein Mann auf, der den Eindruck eines Glücksspielers machte, dick eingemummt war in zwei wattierte Kimonos und die ganze Zeit in aller Ruhe Mandarinen verzehrte, ohne einen Blick in eine Zeitung zu werfen.

Die Mehrzahl der Besucher wurde von dem Wärter nach und nach aufgerufen und ging, die Zahl der Wartenden schrumpfte. Irgendwann verließ ich den Warteraum und begann, in dem kiesbestreuten Hof hin und her zu gehen. Er lag im Licht der winterlichen Sonne, doch inzwischen war ein Wind aufgekommen, der mir einen feinen Staub ins Gesicht blies. Ich wurde nun stur und nahm mir vor, den Warteraum auf keinen Fall vor vier Uhr wieder zu betreten.

Es wurde jedoch vier Uhr, ohne daß ich gerufen worden war. Zudem war mir aufgefallen, daß man bereits Besucher aufgerufen hatte, die nach mir gekommen waren, die meisten von ihnen hatten sich schon wieder verabschiedet. Ich ging schließlich zurück in den Warteraum, grüßte den mutmaßlichen Glücksspieler und schilderte ihm meinen Fall. Doch er antwortete mit Grabesstimme, ohne eine Miene zu verziehen:

„Man läßt nur einen Besuch am Tag zu. Bestimmt war vor Ihnen schon jemand da."

Selbstverständlich versetzte mich seine Mitteilung in Unruhe. Als der Wärter erneut kam, um Besucher aufzurufen, sprach ich ihn an und fragte, ob ich meinen Vetter denn überhaupt noch besuchen könne. Er würdigte mich jedoch keines Blickes und ging weg, ohne meine Frage zu beantworten. Der Glücksspieler und einige andere Besucher folgten ihm. Ich stand auf dem gestampften Lehmboden mitten im Raum und zündete mir gedankenlos eine Zigarette an, doch mit jeder Minute, die verstrich, wuchs meine Wut auf den Wärter (es ist mir stets unerklärlich geblieben, daß mich diese beleidigende Behandlung nicht sofort aufbrachte).

Es wurde fünf Uhr, bis der Wärter wieder kam. Erneut griff ich meine Lammfellmütze und ging zu ihm hin, um ihm die Frage nochmals zu stellen. Doch ohne mich anzuhören, eilte er mit abgewandtem Gesicht davon. In diesem Augenblick hatte ich das Gefühl: *Das war zuviel* ... Ich warf meine Zigarette weg und ging hinüber zum Gefängniseingang.

Ich stieg eine steinerne Treppe im Eingangsbereich hinauf und wandte mich nach links, wo hinter einer Glasscheibe mehrere japanisch gekleidete Männer ihren Dienst verrichteten. Ich schob die Scheibe auf und sprach so gelassen ich es vermochte einen Mann an, dessen schwarzer Überwurf mit einem Wappen bestickt war. Mir entging allerdings keineswegs, daß er blaß wurde.

„Ich bin der Besucher von T. Darf ich nicht zu ihm?"

„Bitte warten Sie, bis Ihre Nummer aufgerufen wird."

„Ich warte aber schon seit zehn Uhr!"

„Sie werden sicher bald gerufen werden."

„Und wenn man mich nicht ruft, soll ich wohl weiter warten? Soll ich selbst nach Einbruch der Dunkelheit weiter warten?"

„Nun, bitte, gedulden Sie sich noch ein wenig. Bitte, warten Sie wenigstens noch eine kurze Weile."

Offenbar fürchtete der Mann, daß ich die Beherrschung verlieren könnte. Ungeachtet meiner Verärgerung tat er mir ein wenig leid. *Er ist nur der Stellvertreter des Gefängnisses, so wie ich der Stellvertreter meiner Verwandten bin* – dieser Kalauer gibt in etwa meine Gefühle wieder.

„Es ist schon fünf Uhr vorbei. Veranlassen Sie bitte möglichst, daß mein Besuch zustande kommt."

Nach dieser abschließenden Bemerkung kehrte ich zunächst in den Warteraum zurück. Im Halbdunkel saß dort eine sorgfältig geschminkte Frau, die angesichts ihres Haarknotens offenbar verheiratet war, eine aufgeschlagene Zeitschrift lag umgedreht auf ihren Knien. Als ich ihr direkt ins Gesicht sah, war ich an eine gotische Skulptur erinnert. Ich nahm vor ihr Platz, noch immer erfüllt von einer ohnmächtigen Wut auf das ganze Gefängnis.

Es war etwa sechs Uhr, als ich endlich gerufen wurde und mich ein aufgeweckter Wärter mit großen runden Augen endlich in den Besuchsraum führte. Was heißt „Raum", es war ein winziges Kämmerchen, und darüber hinaus erinnerte es sehr an eine öffentliche Bedürfnisanstalt, wie die mit mir zusammen eingetretenen Besucher und ich aufgereiht neben der getünchten Tür standen. An der gegenüberliegenden Wand des Kämmerchens sah man eine halbrunde Scheibe, vor der die Besucher sich aufzustellen hatten.

Im schwachen Dämmerlicht hinter dieser Scheibe tauchte das feiste Gesicht meines Vetters auf. Es machte mir allerdings ein wenig Mut, daß er wider Erwarten unverändert wirkte. Wir hielten uns nicht mit Sentimentalitäten auf und besprachen kurz und knapp die anstehenden Schritte. Rechts von mir schluchzte jedoch unaufhörlich ein sechzehn-, siebzehnjähriges Mädchen, das offenbar seinen älteren Bruder besuchte. Während ich mit meinem Vetter sprach, lenkte dieses Schluchzen zu meiner Rechten mich die ganze Zeit ab.

„Bitte teile allen mit, daß diese Anschuldigung gegen mich völlig aus der Luft gegriffen ist", sagte mein Vetter feierlich. Ich starrte ihn an und gab keine Antwort, allerdings schnürte mein Schweigen mir selbst die Kehle zu. In diesem Augenblick sagte ein alter Mann mit schütterem Haar, der zu meiner Linken stand, durch die Scheibe hindurch zu seinem mutmaßlichen Sohn:

„Wenn ich alleine bin, fällt mir allerhand ein, was ich dir zu sagen hätte, aber wenn ich dich besuchen komme, habe ich alles wieder vergessen."

Als ich den Besuchsraum verließ, empfand ich ein gewisses Schuldgefühl gegenüber meinem Vetter, aber andererseits fand ich auch, daß ich meiner Verwandtenpflicht Genüge getan hatte. Wiederum von einem Wärter geführt, eilte ich mit großen Schritten durch den beißend kalten Korridor zum Ausgang des Gefängnisses.

Ich ging davon aus, daß die Frau meines Vetters in ihrem Haus in der Oberstadt schon den ganzen Tag alleine auf mich wartete. Ich durchquerte das ganze staubige Viertel, bis ich endlich zur Haltestelle Yotsuya-mitsuke kam, und stieg in die vollbesetzte Elektrische. *Wenn ich alleine bin* – die Worte des völlig kraftlosen alten Mannes klangen in mir nach. Mir erschienen sie weitaus ehrlicher als das Schluchzen des Mädchens. Ich hielt mich an einem Haltegriff fest, betrachtete die im Abenddunkel hell erleuchteten Häuser von Kōjimachi und mußte wieder einmal an das Wort von den *Angelegenheiten anderer Leute* denken.

Etwa dreißig Minuten später stand ich vor dem Haus meines Vetters und betätigte den Klingelknopf an der Betonwand. Auf das gedämpfte Leuten hin ging im Eingang hinter der Glastür ein Licht an. Dann öffnete das bejahrte Hausmädchen die Tür einen Spalt weit und warf einen Blick hinaus, ihr entfuhr ein erstauntes „Ach – Sie …", woraufhin sie mich unverzüglich in ein zur Straße hin gelegenes Zimmer im ersten Stock führte. Dort warf ich Mantel und Mütze auf den Tisch und konnte mich plötzlich der Erschöpfung nicht mehr erwehren, die ich zwischenzeitlich vergessen hatte. Das Hausmädchen entfachte ein Feuer im Kamin, dann ging sie und ließ mich allein. Mein Vetter, der ein wenig an einer Sammelleidenschaft litt, hatte auch in diesem Zimmer mehrere Ölbilder und Aquarelle aufgehängt. Als ich gedankenverloren die Bilder betrachtete, fiel mir wieder einmal das alte Wort von der *Flüchtigkeit des irdischen Glücks* ein.

Nacheinander betraten die Frau meines Vetters und sein jüngerer Bruder das Zimmer. Sie war offenbar weitaus gelassener, als ich erwartet hatte. Ich übermittelte ihnen so wortgetreu wie möglich die Mitteilungen meines Vetters, dann gingen wir dazu über, die nächsten Schritte zu besprechen. Die Frau schien allerdings keine Lust zu haben, sich sonderlich den Kopf zu zerbrechen. Während einer Gesprächspause nahm sie sogar meine Lammfellmütze in die Hand und sagte zu mir:

„Was für eine komische Mütze! Eine japanische ist das wohl nicht?"

„Die Mütze? Das ist eine russische."

Mein jüngerer Vetter, mehr „Fachmann" als sein Bruder, sah allerdings allerhand Schwierigkeiten auf diesen zukommen.

„Vor ein paar Tagen hat ein Bekannter meines Bruders einen Journalisten aus der Lokalredaktion der XX-Zeitung zu mir geschickt – mit einer Visitenkarte, auf der wörtlich stand: *Ich habe die erste Hälfte seines Schweigegelds bereits gezahlt, zahle du die zweite Hälfte.* Aber ich habe nachgeforscht und herausgefunden, daß kein anderer als dieser Bekannte höchstpersönlich den Journalisten informiert hatte. Natürlich hatte er nichts gezahlt, sondern diesen Journalisten nur zu mir geschickt, um mein Geld zu kassieren. Diese Zeitungsleute sind doch alle das gleiche Pack …"

„Wenn man einmal davon absieht, daß ich auch Journalist bin. Leider hast du mich an einer empfindlichen Stelle getroffen."

Ich konnte mir diese ironische Bemerkung nicht verkneifen, weil ich seine Behauptung nicht auf mir sitzen lassen konnte. Mein Vetter redete jedoch mit alkoholgeröteten Augen weiter, als hielte er eine Ansprache, er nahm meine Bemerkung nicht einmal wahr.

„Und damit nicht genug, ein anderer Kerl paßte den Untersuchungsrichter ab, um angeblich ein gutes Wort für meinen Bruder einzulegen, und brachte ihn damit vorsätzlich gegen ihn auf."

„Vielleicht hättest du vorher mit ihm reden müssen …"

„Ach was, selbstverständlich hatte ich mit ihm geredet und ihm in aller Form gesagt: *Ich bin Ihnen wirklich dankbar für Ihr freundliches Anerbieten, aber ich muß Sie sehr darum bitten, den Richter nicht zu beleidigen.*"

Die Frau saß am Kamin und spielte mit meiner Mütze. Um ehrlich zu sein, hatte ich während des ganzen Gesprächs mit meinem Vetter die unerträgliche Befürchtung, daß sie ihr ins Feuer fallen könnte. – Mir ging durch den Kopf, daß mein Freund seinerzeit bereits in Berlins jüdischem Viertel nach einer solchen Mütze gesucht hatte und sie erst später in Moskau zufällig in die Hände bekam.

„Das hätte ihn doch von seinem Vorhaben abbringen müssen?"

„Im Gegenteil, er erwiderte mir: *Was fällt Ihnen ein, so respektlos mit mir zu sprechen, schließlich nehme ich die größten Mühen für Sie und Ihren Bruder auf mich.*"

„Dann ist natürlich nichts mehr zu machen."

„Nein, da ist nichts mehr zu machen. Das juristische Problem können wir ohnehin nicht lösen, aber darüber hinaus stellt sich auch die Frage der Moral. Man erweckt den Eindruck, für einen Freund weder Zeit noch Mühe zu scheuen, dabei gräbt man ihm in Wirklichkeit eine Fallgrube – ich habe einen sehr ausgeprägten Kampfgeist, aber mit diesen Kerlen werde ich einfach nicht fertig."

Plötzlich schreckten uns Stimmen auf: *T. lebe hoch!* Ich zog den Vorhang zurück und warf einen Blick aus dem Fenster auf die enge Straße; dort hatte sich eine Menschenmenge versammelt, man schwenkte Papierlaternen mit der Aufschrift *Jugendgruppe XX*. Als ich die Frau und meinen Vetter anblickte, fiel mir plötzlich ein, daß mein älterer Vetter den Vorsitz der Jugendgruppe von XX innehatte.

„Wir müssen sie grüßen!" sagte die Frau und sah uns beide an, ihr Gesichtsausdruck sagte: *Es muß sein!*

„Na und, ich gehe hin."

Unbekümmert eilte mein Vetter aus dem Zimmer. Ich empfand einen gewissen Neid auf seinen Kampfgeist und betrachtete die Bilder an den Wänden, um der Frau nicht ins Gesicht sehen zu müssen. Auch ich fand das Schweigen quälend, hätte es aber noch quälender gefunden, Sentimentalitäten mit ihr auszutauschen, nur um etwas zu reden. Als ich mir wortlos eine Zigarette anzündete, fiel mir die grotesk verzerrte Darstellung eines Bildes an der Wand auf – eines Portraits meines Vetters.

„Mir ist nicht nach Jubel zumute. Nach euren Worten läßt sich ja nichts mehr machen …", sagte sie schließlich in einem seltsam fadenscheinigen Ton.

„Weiß man im Viertel wirklich noch nichts davon?"

„Nein … Aber was ist denn bloß passiert?"

„Was meinst du?"

„Das mit T.! Das mit meinem Mann."

„Aus T.s Sicht dürften verschiedene Ursachen zusammenwirken."

„So?"

Ich wurde gereizt, drehte ihr den Rücken zu und trat ans Fenster, unter dem nach wie vor gejubelt wurde: *T. lebe hoch, hoch, hoch!*

Da trat mein jüngerer Vetter aus der Tür und verbeugte sich vor der laternenschwenkenden Menge, zudem hielt er die beiden kleinen, Zöpfe tragenden Töchter seines Bruders an den Händen, die sich hin und wieder unnatürlich gezwungen verneigten ...

Einige Jahre danach, es war in einer bitterkalten Nacht, saß ich im Wohnzimmer meines älteren Vetters, kaute auf der Mentholpfeife, die ich seit kurzem rauchte, und sprach mit seiner Witwe, die mir gegenüber saß. Im Haus hatte das Totengedenken des siebenten Tages stattgefunden, nun herrschte eine beinahe unheimliche Stille. Eine einzelne Kerze brannte auf dem Tisch mit der hellen hölzernen Totentafel meines Vetters, vor dem die beiden Töchter in Nachthemden standen. Als ich der auffallend gealterten Witwe ins Gesicht sah, erinnerte ich mich plötzlich an die Ereignisse jenes für mich anstrengenden Tages, doch mir entfuhr nur die banale Bemerkung:

„Wenn man an der Mentholpfeife zieht, hat man erst recht das Gefühl, bis auf die Knochen zu frieren."

„Hm, mir ist auch kalt."

Ohne große Lust legte sie weitere Holzkohle in das Kohlebekken.

(Niederschrift am 4.6.1927)

(Fuyu)

Ein Brief

Ich halte mich zur Zeit in einem Thermalhotel auf. Mir ist sehr nach Sommerfrische zumute, ich will aber auch in aller Ruhe ein wenig lesen und schreiben. Dem Reiseführer zufolge soll der Aufenthalt hier genau das Richtige sein bei nervlicher Erschöpfung. Das dürfte der Grund dafür sein, daß sich auch zwei Verrückte hier befinden. Die eine ist eine Frau von sieben- oder achtundzwanzig Jahren, die mit niemandem ein Wort wechselt und unentwegt Akkordeon spielt. Ihre gediegene Kleidung läßt allerdings darauf schließen, daß sie aus reichem Hause stammen dürfte. Zudem stellte ich bei unseren wenigen Begegnungen fest, daß ihre geradlinigen Gesichtszüge irgendwo mischblütig wirken. Der andere ist ein Mann um die Vierzig mit einer feuerrot leuchtenden Glatze. Angesichts der auf seinen linken Arm tätowierten Piniennadeln dürfte er allerdings in einem rauhen Milieu tätig gewesen sein, ehe er verrückt wurde. Ich begegne ihm natürlich hin und wieder im Bad. K. (ein Student, der sich hier aufhält) deutete einmal auf die Tätowierung und sagte plötzlich: „Deine Frau heißt also *Pinie!*" Der im heißen Wasser liegende Mann errötete wie ein kleiner Junge …

K. ist zehn Jahre jünger als ich und ziemlich vertraut mit M. und ihrer Mutter, die ebenfalls hier wohnen. Altmodisch ausgedrückt ähnelt M. einem feschen Pagen. Man erzählte mir, daß sie ein weißes Stirnband zum Zopf trug, wenn sie an der Oberschule den Umgang mit der Hellebarde übte – das dürfte fraglos an ein Historiendrama erinnert haben. Auch K.s Freund S. pflegt den Umgang mit M. und ihrer Mutter. S. und K. sind kaum auseinander zu halten – wenn ich lese, finde ich es immer komisch, mir einen der beiden als den Dicken des Romans vorzustellen und den anderen als den Dünnen, um sie voneinander zu unterscheiden. Dann wieder bringt mich die Vorstellung unweigerlich zum Lachen, daß einer von beiden der brutale Machtmensch sein könnte und der andere der zarte Schöngeist. In Wahrheit sind weder K. noch S. fett, zudem sind beide mit schwachen Nerven geschlagen. Allerdings gibt sich keiner der beiden eine Blöße. Sie arbeiten offenbar hart daran, sich keine Blöße zu geben.

Ich habe keinen anderen Umgang als K., S., M. und ihre Mutter. Was heißt „Umgang", wir gehen hin und wieder gemeinsam spazieren und unterhalten uns, denn abgesehen vom Thermalhotel (das aus ganzen zwei Gebäuden besteht) gibt es hier nicht einmal ein Café. Ich fühle mich vollauf zufrieden in dieser Einsamkeit. K. und S. allerdings leiden mitunter an *Heimweh nach den Lichtern unserer Stadt*. Der Fall von M. und ihrer Mutter ist kompliziert, denn sie sind Aristokraten und können folglich in diesen Bergen unmöglich zufrieden sein. Doch in ihrer Unzufriedenheit ziehen sie eine gewisse Befriedigung daraus, daß ihr Aufenthalt nur einen Monat währt.

Ich bewohne ein Eckzimmer im Obergeschoß. Am Tisch in der Ecke arbeite ich nur vormittags, denn wenn am Nachmittag die Sonne auf das Wellblechdach fällt, kann man in der brütenden Hitze nicht einmal lesen. Ich schlage dann lediglich die Zeit tot, indem ich mit K. und S., die mich besuchen kommen, Karten oder Schach spiele, oder richte mir ein handgearbeitetes Holzkissen (ein Handwerksprodukt, für das diese Gegend berühmt ist) und schreibe im Liegen. An einem Nachmittag vor fünf oder sechs Tagen hatte ich mir wieder einmal das Holzkissen gerichtet und las im dick eingebundenen *Der Steigbügel des Ōkubo*. Plötzlich ging die Papierschiebetür auf und M., die unterhalb von mir wohnt, blickte ins Zimmer. Ich war ein wenig verlegen, beinahe albern setzte ich mich ordentlich hin.

„Oh, außer Ihnen ist niemand hier?"

„Nein, heute nicht … Bitte, treten Sie doch ein."

M. ließ die Tür geöffnet und ging hinaus auf den Balkon.

„Es ist heiß im Zimmer!"

Da sie nun im Gegenlicht stand, konnte ich nur noch ihre dunkelrot leuchtenden Ohren erkennen. Aus einer Art von Pflichtgefühl heraus trat ich neben sie.

„In Ihrem Zimmer ist es sicher kühl."

„Ja … Aber immerzu dieses Akkordeon!"

„Ach so, stimmt, das Zimmer der Verrückten liegt nebenan."

Wir standen eine Weile auf dem Balkon und unterhielten uns. Die Wellen des Blechdachs strahlten grell in der Nachmittagssonne. Plötzlich kullerte von einem Ast des im Garten grünenden Kirschbaums eine Raupe herab. Es gab ein schwaches Geräusch auf dem dünnen Wellblech, sie krümmte sich ein paarmal hin und her und verendete sogleich erschöpft. Das war ein wahrhaft allzu früher Tod, und zugleich ein wahrhaft einsamer Tod. –

„Wie in eine Bratpfanne gefallen."

„Ich finde Raupen widerlich!"

„Ich esse sie für mein Leben gern."

„S. macht auch immer solche Bemerkungen", sagte M. und blickte mich ernst an.

„Ach, S. auch."

Meine Erwiderung dürfte für M. desinteressiert geklungen haben. (Dabei interessiere ich mich durchaus für M.s Gefühlsleben – oder vielmehr, für das Gefühlsleben junger Frauen, und in diesem Falle heißt die junge Frau M.) Sie löste sich vom Geländer und sagte ein wenig trotzig:

„Also bis später."

Als sie gegangen war, richtete ich mir das Holzkissen wieder her und fuhr fort, im *Steigbügel des Ōkubo* zu lesen, doch während ich den Zeichen folgte, fiel mir immer wieder der Tod der Raupe ein …

Gewöhnlich gehe ich vor dem Abendessen spazieren. Diese Gelegenheit nehmen dann von M. und ihrer Mutter über K. bis S. alle wahr und brechen mit mir zusammen auf. Für Spaziergänge eignet sich nur das kleine Kieferngehölz dieses Dorfes. Bevor ich den Todessturz der Raupe erlebte, hatte sich dort bereits eine andere Episode ereignet. Wir spazierten damals in ziemlich ausgelassener Stimmung durch den Wald. „Wir" – nun, mit Ausnahme von M.s Mutter allerdings. Sie wirkt mindestens zehn Jahre älter, als sie ist. M.s Familiengeschichte war mir unbekannt gewesen, doch Zeitungsartikeln zufolge, die ich mittlerweile gelesen habe, ist diese

Frau nicht die leibliche Mutter von M. und ihrem älteren Bruder. Dieser hat sich mit seines Vaters Pistole erschossen, weil er bei der Aufnahmeprüfung zu einer Universität durchgefallen war. Die Zeitungen schrieben einhellig, daß seine Stiefmutter die Schuld an seinem Selbstmord trage. Möglich, daß sie deshalb so frühzeitig gealtert ist. Wenn ich die frühergraute Frau sehe, die noch keine Fünfzig ist, bin ich immer an diese Geschichte erinnert. Wir vier aber waren jedenfalls in einer angeregten Unterhaltung begriffen. Plötzlich rief M.: „Igitt, sowas!", als habe sie etwas entdeckt, und klammerte sich an K.s Arm.

„Was ist denn das? Ich dachte schon an eine Schlange!"

Eigentlich war überhaupt nichts zu sehen, außer daß auf dem ausgetrockneten sandigen Waldboden etliche kleine Ameisen sich damit abmühten, eine halbtote Biene wegzuschleppen. Sie lag auf dem Rücken und ließ immer wieder ihre zerfetzten Flügel summen, womit sie die Ameisen abschüttelte. Doch wenn man den Eindruck hatte, der Trupp sei in die Flucht geschlagen, klammerten sie sich schon wieder an Flügel und Beine der Biene. Wir standen eine Weile dort und beobachteten, wie die Biene sich zappelnd abplagte. M.s anfängliches Erschrecken war reichlich übertrieben gewesen, noch immer stand sie mit einer grotesk ernsten Miene neben K.

„Immer wieder schießt ihr Stachel hervor!"

„Ein Bienenstachel ist hakenförmig gebogen", merkte ich an, da alle anderen nach M.s Worten schwiegen.

„Nun kommt, gehen wir. Ich finde dergleichen widerwärtig", sagte M.s Mutter und ging uns voraus. Natürlich setzten auch wir uns nun in Bewegung. In dem totenstillen Kiefernwald wucherte beiderseits des Weges hohes Gras. Unsere Stimmen riefen im Wald ein ungewöhnlich lautes Echo hervor, vor allem das Gelächter von K., der S. und M. von seiner jüngeren Schwester erzählte. Sie lebt irgendwo auf dem Land und hat offenbar nur eine Mädchenschule absolviert. Nichtsdestotrotz soll ihr künftiger Gatte ein gutsituierter Gentleman sein, der weder raucht noch trinkt. „Da dürften wir wohl durchfallen?" sagte S. zu mir, doch er blickte dabei so seltsam verlegen, daß es mich beinahe rührte. „Weder rauchen noch trinken … Das dürfte ein Seitenhieb auf mich sein", fügte K. schlagfertig hinzu. Ich steuerte eine beiläufige Bemerkung bei und fand diesen Spaziergang allmählich ermüdend, daher atmete ich erleichtert auf, als M. plötzlich sagte: „Gehen wir zurück!" Ihre Miene hatte sich aufgeheitert, und als wir schwiegen, machte sie auf dem Fuße kehrt. Auf dem Rückweg zum Hotel sprach sie allerdings nur noch mit ihrer Mutter. Natürlich gingen wir auf dem gleichen Weg durch das Kieferngehölz zurück, doch die Biene war bereits verschwunden.

Dann war ein halber Monat vergangen. Ich fühlte mich an dem Tag völlig lustlos und matt, vielleicht wegen der trüben Bewölkung, und spazierte deshalb den Hügel hinab zu einer Gartenanlage an einem Teich. Dort saß M.s Mutter in einem Lehnstuhl und las in einer Tōkyōter Zeitung. M. war an dem Tag mit K. und S. losgezogen, um auf den hinter dem Hotel gelegenen Berg Y. zu steigen. Ihre weitsichtige Mutter setzte ihre Brille auf, als sie mich erblickte, und grüßte.

„Darf ich Ihnen meinen Stuhl anbieten?"

„Danke, der hier tut es auch", sagte ich und setzte mich auf einen alten Korbstuhl, der dort stand.

„Bestimmt fanden Sie gestern abend auch keine Ruhe?"

„Doch … War denn etwas?"

„Dieser Verrückte rannte plötzlich polternd aus dem Hotel hinaus!"

„Tatsächlich?"

„Ja, anscheinend hatte er in der Zeitung gelesen, daß eine Bank von geprellten Anlegern gestürmt worden ist."

Ich dachte kurz darüber nach, was für ein Leben der Verrückte mit den tätowierten Piniennadeln wohl führen mochte. Und dann – es ist zum Lachen, doch mir fielen die Wertpapiere meines Bruders ein.

„Herr S. hat sich auch beschwert …."

M.s Mutter ging beiläufig dazu über, mich kaum verhohlen über S. auszufragen. Ich versah jedoch jede Antwort mit einem „mag sein" oder „ich glaube". (Ich betrachte einen Menschen immer nur als einzelnes Individuum. Seine Familie, sein Vermögen oder gesellschaftlicher Rang sind mir von Natur aus gleichgültig. Doch obgleich ich einen Menschen nur als Individuum betrachte, entdecke ich leider unbewußt immer nur jene Wesenszüge an ihm, die den meinen ähneln, und entscheide dann von meiner Warte aus, wie sympathisch er ist.) Irgendwie fand ich ihre Absicht, Nachforschungen zur Persönlichkeit von S. anstellen zu wollen, auch belustigend.

„Herr S. leidet wohl unter schwachen Nerven?"

„Hm, mag sein, daß er schwache Nerven hat."

„Er scheint auch keine Ahnung vom Leben zu haben!"

„Er ist eben ein junger Mann aus reichem Elternhaus … Aber ich glaube, daß er schon über eine gewisse Allgemeinbildung verfügt."

Zufällig fiel mein Blick auf eine Krabbe am Ufer des Teiches, die zum Wasser kroch. Zudem zog sie mühsam eine zweite Krabbe hinter sich her, deren Panzer zerbrochen war. Mir fielen die Ausführungen in Kropotkins Schrift *Gegenseitige Hilfe* ein, nach denen Krabben stets ihren verletzten Artgenossen zu Hilfe kommen. Den Beobachtungen eines Zoologen zufolge tun sie das allerdings stets, um diese zu fressen. Ich sah zu, wie sich die beiden Krabben allmählich unter Binsen verkrochen, und verlor auf einmal jegliches Interesse am Gespräch mit M.s Mutter.

„Heute abend kommen die anderen zurück?" fragte ich und erhob mich. Zugleich bemerkte ich, daß in ihrem Gesicht neben einem gehörigen Erstaunen ein instinktiver Haß aufblitzte. Doch ohne Zögern gab sie sanft zur Antwort:

„Sicher, das hat M. gesagt."

Als ich wieder in meinem Zimmer war, lehnte ich mich einmal mehr an das Geländer des Balkons und betrachtete den hoch über das Kieferngehölz aufragenden Gipfel des Berges Y., der über einem Meer verstreuter Felsen von schwachen Sonnenstrahlen beschienen wurde. Bei seinem Anblick überkam mich plötzlich ein Gefühl des Mitleids mit uns Menschen …

M. und ihre Mutter sind gemeinsam mit S. vor wenigen Tagen heimgefahren nach Tōkyō. K. sagt, daß er hier auf das Eintreffen seiner Schwester wartet (das dürfte sich wohl noch bis zu einer Woche nach meiner Abreise hinziehen) und dann mit ihr nach Hause fahren wird. Als ich mit K. alleine war, fühlte ich mich ziemlich erleichtert. Allerdings habe ich keine Lust, mich um ihn zu kümmern, es macht mir vielmehr Sorgen, ihn ertragen zu müssen. Aber dennoch verbringen wir unsere gemeinsame Zeit verhältnismäßig entspannt. Ja, gestern abend im Bad diskutierten wir tatsächlich eine Stunde lang über César Franck.

Ich schreibe nun in meinem Zimmer. Hier hält bereits der Herbst Einzug. Als ich gestern morgen die Augen aufschlug, entdeckte ich auf dem Papier der Zimmerschiebetüren ein kleines umgekehrtes Abbild des Berges Y. und des Kiefernwalds. Natürlich kam das von einem Sonnenstrahl, der durch ein Astloch in der Tür einfiel. Doch als ich auf dem Bauch liegend eine Zigarette rauchte, stimmte mich diese wunderbar klare, kleine frühherbstliche Landschaft ganz ungewöhnlich gelassen …

Lebe wohl. Sicher sind die Vormittage und Abende nun auch in Tōkyō ziemlich erträglich geworden. Bitte grüße auch die Kinder von mir.

(Niederschrift am 7.6.1927)

(Tegami)

Dialoge in der Dunkelheit

I.

Stimme: Was aus dir geworden ist, hat meine Erwartungen ganz und gar enttäuscht.

Ich: Das ist nicht meine Schuld.

Stimme: Du hast aber zu diesen falschen Erwartungen beigetragen.

Ich: Niemals.

Stimme: Aber du hast einmal die Ästhetik geliebt – oder dir den Anschein gegeben.

Ich: Ich liebe sie.

Stimme: Was liebst du? Die Ästhetik? Oder eine Frau?

Ich: Sowohl als auch.

Stimme: (spöttisch) Du scheinst keinen Widerspruch darin zu sehen.

Ich: Wer würde darin einen Widerspruch sehen? Mag sein, daß jemand eine Frau liebt, aber keine kostbaren alten Teeschalen. Ihm fehlt dann eben der Sinn dafür, kostbare Teeschalen lieben zu können.

Stimme: Ein Ästhet muß sich entscheiden.

Ich: Unglücklicherweise bin ich viel zu habgierig für einen Ästheten. Aber in Zukunft werde ich kostbare Teeschalen einer Frau vielleicht vorziehen.

Stimme: Dann bist du inkonsequent.

Ich: Wenn du das inkonsequent nennst, bedeutete äußerste Konsequenz, sich ungeachtet einer Grippe mit kaltem Wasser abzureiben.

Stimme: Spar dir die starken Worte. Insgeheim bist du schwach. Aber natürlich sagst du so etwas nur, um die öffentliche Kritik zurückzuweisen, der du ausgesetzt bist.

Ich: Selbstverständlich will ich das. Denk doch mal nach. Wenn ich mich nicht zur Wehr setze, werde ich schließlich zermalmt.

Stimme: Wie kaltschnäuzig unverschämt du bist!

Ich: Ich bin keinen Deut kaltschnäuzig. Selbst Kleinigkeiten versetzen mich in eine nervöse Hochspannung.

Stimme: Aber du hältst dich doch für einen starken Menschen?

Ich: Sicher bin ich stark. Der Stärkste bin ich allerdings nicht. Sonst wäre ich zu einem gelassenen Götzen geworden wie Goethe.

Stimme: Goethes Liebesleben war rein.

Ich: Das ist eine Lüge! Eine Lüge der Literaturhistoriker. Goethe war genau fünfunddreißig, als er plötzlich nach Italien floh. Daran ist nichts zu rütteln. Es war nichts anderes als eine Flucht. Abgesehen von Goethe dürfte nur Frau von Stein von diesem Geheimnis gewußt haben.

Stimme: Du verteidigst dich. Nichts ist einfacher, als sich selbst zu verteidigen.

Ich: Es ist nicht einfach. Andernfalls wäre der Beruf des Anwalts nicht entstanden.

Stimme: Du bist ein eloquenter Klugscheißer! Niemand will mehr etwas mit dir zu schaffen haben!

Ich: Mir bleibt die Natur, für die ich mich begeistern kann. Und ich besitze über dreihundert Bücher aus aller Welt.

Stimme: Aber deine Leser hast du ein für allemal verloren!

Ich: Ich werde Leser in kommenden Zeiten haben.

Stimme: Kannst du von den Lesern kommender Zeiten leben?

Ich: Selbst von den heutigen Lesern kann ich kaum leben. Mein höchstes Seitenhonorar beschränkte sich auf zehn Yen.

Stimme: Aber du hast Eigentum besessen?

Ich: Mein Eigentum paßte auf eine Briefmarke. Selbst in den besten Zeiten verdiente ich nie mehr als dreihundert Yen im Monat.

Stimme: Aber du besitzt ein Haus. Und die *Anthologie moderner Literatur* …

Ich: Die Balken dieses Hauses wollen mich erdrücken. Die Tantiemen für die *Anthologie moderner Literatur* kannst du jederzeit haben. Ich erhielt nur vier- bis fünfhundert Yen.

Stimme: Aber du warst der Herausgeber der Anthologie. Schon allein dafür solltest du dich schämen.

Ich: Was soll daran beschämend sein?

Stimme: Du bist damit in die Reihen der Pädagogen eingetreten.

Ich: Falsch! Die Pädagogen sind in unsere Reihen eingetreten! Ich habe diesen Beruf zurückerobert.

Stimme: Aber nichtsdestotrotz bist du ein Schüler des großen Natsume?

Ich: Selbstverständlich bin ich ein Schüler des großen Natsume. Mag sein, daß du den großen Sōseki kennst. Doch das verrückte Genie Natsume kennst du sicher nicht.

Stimme: In dir stecken keine eigenen Ideen. Was hin und wieder aufblitzt, ist voller Widersprüche.

Ich: Das beweist, daß ich Fortschritte mache. Ein Narr glaubt ewig, die Sonne sei kleiner als eine Wanne.

Stimme: Deine Anmaßung wird dich umbringen!

Ich: Ich denke manchmal: vielleicht bin ich jemand, der keines natürlichen Todes sterben wird.

Stimme: Du willst mir weismachen, daß du den Tod nicht fürchtest? Oder?

Ich: Ich fürchte das Sterben. Dabei ist es nicht schwierig. Ich habe mich ein paarmal stranguliert. Nach vielleicht zwanzig Sekunden Qual begann ich sogar ein gewisses Lustgefühl zu verspüren. Sollte mir etwas Widerwärtigeres als der Tod begegnen, werde ich mich jederzeit bedenkenlos umbringen.

Stimme: Warum lebst du dann noch? Alle betrachten dich doch als einen Verbrecher?

Ich: Das ist mir bewußt. Wie Verlaine, wie Wagner, wie den großen Strindberg.

Stimme: Du bereust aber nicht.

Ich: Doch, ich bereue. Sich zu quälen ist die bitterste Reue.

Stimme: Du bist ein unverbesserlicher Schurke!

Ich: Eher ein Mensch mit Gewissen. Wäre ich ein Schurke, quälte ich mich nicht so. Zudem würde ich meine Liebesbeziehung dann sicher ausnutzen und der Frau Geld abpressen.

Stimme: Du bist also ein Narr.

Ich: Ja, vermutlich bin ich ein Narr. Einer dieser Narren, die Bücher wie *Geständnis eines Narren* verfassen.

Stimme: Noch dazu bist du völlig weltfremd.

Ich: Wäre Weltgewandtheit das Maß aller Dinge, stünden Geschäftemacher ganz oben.

Stimme: Du hast die Liebe stets geringgeschätzt. Doch aus heutiger Sicht bist du im Grunde ein Verfechter des Prinzips, die Liebe sei das höchste Gut des Menschen.

Ich: Nein, auch heute bin ich kein Verfechter dieses Prinzips. Ich bin Dichter. Künstler.

Stimme: Aber hast du nicht der Liebe wegen Eltern, Frau und Kinder aufgegeben?

Ich: Du lügst. Einzig meiner selbst wegen habe ich Eltern, Frau und Kinder aufgegeben.

Stimme: Also bist du ein Egoist.

Ich: Leider nicht. Obgleich ich gerne einer wäre.

Stimme: Zu deinem Unglück bist du infiziert vom modernen Kult um das Ego.

Ich: Genau deshalb bin ich ein moderner Mensch.

Stimme: Der moderne Mensch ist dem antiken Menschen nicht ebenbürtig.

Ich: Auch der antike Mensch war einmal ein moderner Mensch.

Stimme: Hast du kein Mitleid mit deiner Frau und den Kindern?

Ich: Wer hat je gelebt, der frei von Mitleid war? Lies die Briefe Gauguins!

Stimme: Du heißt alles gut, was du getan hast?

Ich: Hieße ich alles gut, hätte ich nichts mit dir zu diskutieren.

Stimme: Demnach heißt du nicht alles gut?

Ich: Ich finde mich einfach damit ab.

Stimme: Aber wie kommst du deiner Verantwortung nach?

Ich: Ein Viertel machen meine Erbanlagen aus, ein Viertel meine Lebensverhältnisse, ein Viertel die Zufälle – meine Verantwortung beträgt nur ein Viertel.

Stimme: Du bist ein charakterloser Lump!

Ich: So charakterlos wie jeder andere auch.

Stimme: Du bist also Satanist.

Ich: Leider nicht. Und besonders für Salonsatanisten habe ich stets nur Verachtung übrig.

Stimme: (ein kurzes Schweigen) Immerhin quälst du dich. Das zumindest erkenne ich an.

Ich: Nein, du solltest mich nicht unbedacht überschätzen. Vermutlich bilde ich mir etwas ein auf meine Quälerei. Außerdem handelt ein starker Mensch sicher nicht nach dem Motto: *Setze das Erreichte nicht aufs Spiel*.

Stimme: Vielleicht bist du ehrlich. Oder aber ein Clown.

Ich: Das frage ich mich auch.

Stimme: Du hast dich immer für einen Realisten gehalten.

Ich: Weil ich so idealistisch war.

Stimme: Du könntest zugrunde gehen.

Ich: Aber was mich erschuf, wird sicher ein zweites *Ich* erschaffen.

Stimme: Also quäle dich weiter, wie es dir beliebt. Bleibt mir nur noch, mich von dir zu verabschieden.

Ich: Warte! Gib mir zuvor noch eine Auskunft. Wer bist du, der du mir endlos Fragen stellst – der du unsichtbar bist?

Stimme: Wer ich bin? Ich bin der Engel, der in grauer Vorzeit mit Jakob rang.

II.

Stimme: Dein Mut ist bewundernswert.

Ich: Nein, ich besitze keinen Mut. Ansonsten würde ich warten, bis der Löwe kommt, um mich zu fressen, statt ihm ins Maul zu springen.

Stimme: Aber du hast zutiefst menschlich gehandelt.

Ich: Doch das zutiefst Menschliche ist zugleich animalisch.

Stimme: Du hast nichts Verwerfliches getan. Du leidest nur unter den gegenwärtigen gesellschaftlichen Verhältnissen.

Ich: Auch unter veränderten gesellschaftlichen Verhältnissen würden meine Handlungen sicher einige Menschen unglücklich machen.

Stimme: Immerhin hast du dich nicht umgebracht. Du bist stark.

Ich: Ich wollte mich des öfteren umbringen. So verspeiste ich, um einen natürlichen Tod vorzutäuschen, täglich zehn Fliegen. Es machte mir nichts aus, sie zu schlucken, nachdem ich sie kleingerupft hatte. Sie zu zerkauen fand ich allerdings widerlich.

Stimme: Statt dessen könntest du groß werden.

Ich: Ich suche keine Größe. Ich will nur Frieden. Lies Wagners Briefe! Er schreibt: *Hätte ich wenigstens genug Geld, um die Frau, die ich liebe, und ein paar Kinder zu ernähren, so wäre ich zufrieden, ohne große Kunst zu schaffen.* Selbst Wagner dachte so. Selbst der eigenwillige Wagner.

Stimme: Jedenfalls quälst du dich. Du bist kein gewissenloser Mensch.

Ich: Ich habe kein Gewissen. Ich habe nur Nerven.

Stimme: Deine häuslichen Lebensverhältnisse waren unglücklich.

Ich: Aber meine Frau war mir immer treu.

Stimme: Es ist deine Tragödie, daß du mehr Verstand besitzt als andere.

Ich: Falsch! Es ist meine Komödie, daß ich weniger Lebensweisheit besitze als andere.

Stimme: Aber du bist aufrichtig. Du hast dem Mann deiner Geliebten die ganze Situation gestanden, bevor alles an den Tag kam.

Ich: Auch falsch! Ich habe es erst dann gestanden, als ich es nicht mehr ertrug.

Stimme: Du bist Dichter. Künstler. Du kannst dir alles erlauben.

Ich: Ich bin Dichter. Künstler. Aber ich bin auch nur ein Teil der Gesellschaft. Es ist völlig normal, daß ich mein Kreuz trage. Allerdings dürfte es immer noch zu leicht sein.

Stimme: Du vernachlässigst dein Ego. Achte deine Individualität hoch, verachte die Massen!

Ich: Auch ohne deine Belehrungen achte ich meine Individualität hoch. Aber ich verachte die Massen nicht. Ich schrieb einmal: *Mag das Juwel zerbrechen, der Ziegel ist unzerbrechlich.* Auch Shakespeare, Goethe und Chikamatsu Monzaemon vergingen irgendwann zu Staub. Doch der Leib, der sie hervorbrachte – die große Masse – ist unvergänglich. Alle Künste mögen sich wandeln, aber immer sind es die Massen, die sie hervorbringen.

Stimme: Du hast Originelles geschrieben.

Ich: Nein, es ist keinen Deut originell. Wer war jemals originell? Zu allen Zeiten gab es auch für die genialen Werke überall Prototypen. Ich habe vor allem häufig gestohlen.

Stimme: Aber du hast auch gelehrt.

Ich: Was ich lehrte, lag ausschließlich außerhalb meiner Fähigkeiten. Andernfalls hätte ich es verwirklicht, statt es zu lehren.

Stimme: Sei überzeugt, daß du ein Übermensch bist!

Ich: Nein, ich bin kein Übermensch. *Wir* sind alle keine Übermenschen. Zarathustra allein war ein Übermensch. Nicht einmal Nietzsche wußte, welchem Tod Zarathustra entgegengehen mochte.

Stimme: Auch du fürchtest die Gesellschaft?

Ich: Wer hat die Gesellschaft nicht gefürchtet?

Stimme: Denk an Wilde, der drei Jahre im Zuchthaus war! Wilde sagte: *Sich ohne triftigen Grund umzubringen, bedeutet, vor der Gesellschaft zu kapitulieren.*

Ich: Wilde hatte mehrmals vor, sich umzubringen, als er im Zuchthaus war. Und nur weil er die Möglichkeit dazu nicht besaß, führte er es nicht aus.

Stimme: Trete Gut und Böse endlich mit Füßen.

Ich: Ich will künftig erst recht ein guter Mensch werden.

Stimme: Du bist allzu einfach.

Ich: Nein, ich bin allzu kompliziert.

Stimme: Beruhige dich! Du wirst immer Leser haben.

Ich: Aber erst, nachdem die Autorenrechte erloschen sind.

Stimme: Du quälst dich der Liebe wegen.

Ich: Der Liebe wegen? Genug der Komplimente, die aus dem Munde eines Jungliteraten stammen könnten! Ich bin durch Liebesaffären lediglich ins Straucheln geraten.

Stimme: Ein jeder gerät durch Liebesaffären leicht ins Straucheln.

Ich: Das ist so banal wie der Spruch, daß ein jeder leicht vor Geldgier umkommt.

Stimme: Du bist an das Kreuz des Lebens geschlagen.

Ich: Darauf kann ich mir nichts einbilden. Auch jemand, der seine Geliebte tötet oder mit unterschlagenen Geldern durchbrennt, dürfte an das Kreuz des Lebens geschlagen sein.

Stimme: So finster ist das Leben nicht.

Ich: Sieht man von der *auserwählten Elite* ab, ist das Leben selbstverständlich für uns alle finster. Und *auserwählte Elite* ist ein Synonym für Narren und Halunken.

Stimme: Also quäle dich weiter, wie es dir beliebt! Kennst du mich? Mich, der eigens kam, um dir Mut zuzusprechen?

Ich: Du bist ein Hund. Du bist der Teufel, der einst als Hund in die Kammer des Faust lief.

III.

Stimme: Was machst du?

Ich: Ich schreibe nur.

Stimme: Weshalb schreibst du?

Ich: Ohne zu schreiben halte ich es einfach nicht aus.

Stimme: Dann schreib. Schreib, bis du stirbst.

Ich: Sicher – ich habe keine andere Wahl.

Stimme: Du bist erstaunlich gelassen.

Ich: Nein, ich bin überhaupt nicht gelassen. Würdest du mich kennen, wüßtest du, wie ich mich quäle.

Stimme: Wohin ist dein Lächeln verschwunden?

Ich: Heimgekehrt zu den Göttern des Himmels. Um zum menschlichen Leben zu lächeln, braucht man erstens einen ausgeglichenen Charakter, zweitens Geld, und drittens einen unnachgiebigeren Geist als ich.

Stimme: Aber du bist nunmehr unbeschwert.

Ich: Ja, ich bin nun unbeschwert. Umso schwerer wiegt die Last meines Lebens, die ich auf meinem nackten Rücken schleppen muß.

Stimme: Du kannst nur auf deine Art leben. Oder aber …

Ich: So ist es. Ich kann nur auf meine Art sterben.

Stimme: Du wirst anscheinend zu einem anderen, einem neuen Menschen.

Ich: Ich bleibe stets ich selbst. Ich wechsele nur die Haut. So wie eine Schlange die Haut abstreift.

Stimme: Du begreifst allerhand.

Ich: Nein, ich begreife nichts. Nur ein Teil meiner Psyche ist mir bewußt. Der Teil, der mir unbewußt ist – das Afrika meiner Psyche – dehnt sich unermeßlich weit aus. Mir graut davor. Ungeheuer hausen nicht im Licht. Doch irgendetwas schlummert noch in dieser unendlichen Finsternis.

Stimme: Auch du warst mein Kind.

Ich: Wer bist du, der mich geküßt hat? Aber nein, ich kenne dich.

Stimme: Und für wen hältst du mich?

Ich: Für den, der mir den Frieden raubte. Der mir die Lebenslust zunichte machte. Mir? – Nein, nicht nur mir. Du warst es, der uns den Geist der goldenen Mitte vergessen ließ, den der Weise des alten China lehrte. Überall liegen deine Opfer. In der Literaturgeschichte, in Zeitungsartikeln.

Stimme: Und wie nennst du mich?

Ich: Ich – ich weiß nicht, wie ich dich nennen soll. Doch um eines anderen Worte zu verwenden, bist du eine uns überlegene Macht. Du bist der *Daimon*, der uns beherrscht.

Stimme: Beglückwünsche dich! Ich komme nicht, um mit jedem beliebigen zu reden.

Ich: Nein, mehr als jeder andere werde ich mich vor deinem Kommen hüten. Du bringst keinen Frieden. Zudem kommst du alles durchdringend wie Röntgenstrahlen.

Stimme: Dann sei künftig wachsam.

Ich: Selbstverständlich werde ich künftig wachsam sein. Nur wenn ich eine Schreibfeder halte …

Stimme: Wenn du eine Feder hältst, sagst du: *Komm herbei.*

Ich: Wer sagt: *Komm herbei*! Ich bin ein unbedeutender Schriftsteller. Und ich will ein unbedeutender Schriftsteller bleiben.
Nur darin kann ich Frieden finden. Aber vielleicht werde ich
zu deinem Gefangenen, wenn ich eine Feder halte.

Stimme: Dann paß stets gut auf dich auf! Ich könnte jedes deiner
Worte Wirklichkeit werden lassen. Nun, auf Wiedersehen.
Denn ich kehre eines Tages wieder, um dich zu treffen.

Ich (allein): Akutagawa Ryūnosuke! Akutagawa Ryūnosuke, schlage
tiefe Wurzeln. Du bist ein Schilfrohr, schwankend im Wind.
Das Wetter kann jeden Augenblick drehen. Sei unerschütter-
lich standhaft! Halte stand für dich selbst. Und zugleich für
deine Kinder. Sei nicht anmaßend. Aber zugleich unnachgie-
big. Setze hier und jetzt einen neuen Anfang!

(Anchū mondō)

(Nachgelassenes Manuskript)

Verzeichnis der Erstveröffentlichungen

1 Umi no hotori: Chūō kōron, 8.9.1925, Tōkyō.

2 Nenmatsu no ichinichi: Shinchō, 8.1.1926, Tōkyō.

3 Konan no ōgi: Chūō kōron, 8.1.1926, Tōkyō.

4 Shigo: Kaizō, 8.9.1925, Tōkyō.

5 Fumi hogo: Fujin kōron, 7.5.1924, Tōkyō.

6 Daidōji Shinsuke no hansei: Chūō kōron, 7.1.1925, Tōkyō.

7 Haru no yoru: Bungei shunjū, 8.9.1926, Tōkyō.

8 Onigokko: Kuraku, 8.2.1927, Tōkyō.

9 Nyosen: Tankai, 9.6.1927, Tōkyō.

10 Asakusa kōen: Bungei shunjū, 8.4.1927, Tōkyō.

11 Aru shakaishugisha: Tōkyō nichinichi shinbun, 3.1.1927, Tōkyō.

12 Karumen: Bungei shunjū, 8.7.1926, Tōkyō.

13 Futari no kōmō gaka: Bungei shunjū, 9.6.1927, Tōkyō.

14 Jippon no hari: Bungei shunjū, 9.9.1927, Tōkyō.

15 Fuyu: Chūō kōron, 9.7.1927, Tōkyō.

16 Tegami: Chūō kōron, 9.7.1927, Tōkyō.

17 Anchū mondō: Bungei shunjū, 9.9.1927, Tōkyō.

ANMERKUNGEN

Seite 11:
Rokujō-Futama-Ryokan: (heute Ichi-no-miya-sō) Ein Hotel im japanischen Stil (Ryokan) in Kazusa (Ichi-no-miya, Präfektur Chiba). A. R. und sein Kommilitone und Freund, der Romancier Kume Masao (1891–1952), hielten sich nach ihren Abschlußprüfungen an der Tōkyō-Universität von Mitte August bis Anfang September 1916 dort auf.

unsere Zeitschrift: Die Literaturzeitschrift *Shin shichō* (*Neues Denken*), an der A. R. und Kume Masao mitarbeiteten.

Geschichte von den acht Hunden der Satomi: (*Satomi hakkenden*) Erzählung des Schriftstellers Kyokutei Bakin (Takizawa Bakin, 1767–1848), die zwischen 1834 und 1836 erschien; Teil des zwischen 1814 und 1842 veröffentlichten, umfassenden erzählerischen Werkes *Nansō Satomi hakkenden*.

Seite 17:
Sommerhaori: Ein leichter, ärmelloser oder halbärmeliger Überwurf.

Seite 20:
It's a long, long way to Tipperary: Ein irisches Soldatenlied aus dem I. Weltkrieg.

Seite 21:
unseren zweiten Sohn Takashi: Akutagawa Takashi wurde 1922 geboren; er fiel im II. Weltkrieg.

Seite 22:
Kotatsu: Ein Tisch mit einem darunter befindlichen Kohlebecken, heute auch mit einer Heizlampe unter der Platte.

Jahresendgratifikationen der einzelnen Firmen …: Typisch für die letzten Wochen eines Jahres in Japan sind die Ausschüttungen von Gratifikationen durch die Firmen an ihre Mitarbeiter ebenso wie der Verkauf von Federballschlägern, da das traditionelle japanische Federballspiel (*hagoita*) zu den am meisten verbreiteten japanischen Neujahrsvergnügungen gehört.

Natsume Sōseki: (1867–1916) Einer der bedeutendsten Schriftsteller der Meiji-Zeit (1868–1912) und früher Förderer A. R.s. Zu Sōsekis bekanntesten Werken zählen die Erzählungen *Botchan* (1906, dt. 1965, *Der Tor aus Tokio*) und *Kokoro* (1914, dt. 1976, *Kokoro*) sowie die Romane *Wagahai wa neko de aru* (1905, dt. 1996, *Ich der Kater*) und *Sanshirō* (1908, dt. 1991, *Sanshirō*).

Dōzaka-Viertel: Im Tōkyōter Bezirk Kita.

Tabata: Stadtteil im Bezirk Kita; Wohnort A. R.s in seinen letzten Lebensjahren.

Seite 23:
Tempel Gokokuji: Im Tōkyōter Bezirk Bunkyō.

Friedhof von Zōshigaya: Im Tōkyōter Bezirk Toshima.

Seite 25:
Plazenta GmbH: Plazenta wurde von Firmen aus Krankenhäusern zur Beisetzung auf Friedhöfe transportiert.

Seite 26:
Hunan: Südchinesische Provinz mit dem Wirtschafts- und Kulturzentrum Changsha.

Sun Yatsen: (Sun Wen, 1866–1925) Chinesischer Politiker, Gründer der Guomindang (Nationale Volkspartei). Von 1895 bis zum Ausbruch der Revolution von 1911 im japanischen Exil. Nach dem erfolglosen Aufstand gegen den autoritären Präsidenten Yuan Shikai 1913 erneute Flucht nach Japan. 1919 Führer der südchinesischen Militärregierung von Kanton.

Huang Xing: (Huang Hsing, 1873–1916) Chinesischer Politiker. Beteiligung an der Revolution von 1911. 1913 gemeinsam mit Sun Führer des Aufstands gegen Yuan Shikai, anschließend Flucht nach Japan.

Cai E: (Ts'ai O, 1882–1912) Aktivist der Reformbewegung in der Provinz Hunan in den späten 90er Jahren der 19. Jh.s, anschließend Exil in Japan. Nach seiner Rückkehr nach China 1911 Führer der revolutionären Bewegung in der Provinz Yunnan.

Song Jiaoren: (Sung Chiaojen, 1882–1913) Chinesischer Politiker. Nach einem fehlgeschlagenen Aufstand in Hunan 1904 Flucht nach Japan. 1910 Rückkehr nach China und enger Mitarbeiter Huang Xings, 1912 einer der Wiederbegründer der Guomindang, beim Aufstand gegen Yuan Shikai 1913 erschossen.

Zeng Guofan: (1811–72) Chinesischer Politiker, Organisator einer Freiwilligenarmee in der Provinz Hunan in den 50er Jahren des 19. Jh.s, die zu einem Pfeiler der Streitkräfte der Qing-Herrscher wurde. 1860 Oberbefehlshaber der Qing-Streitkräfte im Krieg gegen England und Frankreich.

Zhang Zhidong: (1837–1909) Chinesischer Politiker, von 1884 bis 1902 Gouverneur der Provinz Hunan, bemühte sich um die Modernisierung von Armee und Verwaltung nach westlichen Vorbildern.

Als ich durch Hunan reiste …: A. R. bereiste China zwischen März und Juli 1921.

Iidabashi: Stadtteil in den Tōkyōter Bezirken Shinjuku und Chiyoda.

Seite 28:
Kikuchi Hiroshi: (K. Kan, 1888–1948) Kommilitone und Freund

von A. R.; Autor erfolgreicher Unterhaltungsliteratur und Gründer des Verlages Bungei shunjū in Tōkyō.

Seite 30:
Kämpfe zwischen Zhang Ji und Tan Yankai: Während des Aufstands gegen den Präsidenten Yuan Shikai 1913, vgl. die folgenden Anmerkungen zu Zhang Ji und Tan Yankai.

Zhang Ji: (1882–1947) Chinesischer Politiker aus der Provinz Hunan. Teilnahme an der Revolution von 1911; 1913 Parlamentsvorsitzender, nach Teilnahme am Aufstand gegen Yuan Shikai Flucht nach Japan, 1920 Mitglied der Militärregierung von Kanton. 1924 im ZK der Guomindang, zentrale Figur des rechten Flügels der Partei.

Tan Yankai: (1876–1930) Chinesischer Politiker aus der Provinz Hunan, 1912 deren Gouverneur. Beim Aufstand von 1913 auf Seiten Yuans, widersetzte sich jedoch 1915 dessen Bestrebungen, sich zum Kaiser zu erheben. 1916 Mitglied der Militärregierung von Kanton. 1924 im ZK der Guomindang, 1925 Regierungsmitglied.

Seite 32:
späte Qing-Zeit: Die Spätzeit der seit 1644 in China herrschenden Qing-Dynastie nach dem Britisch-Chinesischen Krieg („Opiumkrieg") von 1840–42.

Seite 40:
Lektionen zur moralischen Wachsamkeit: (*Sekkyō in'nen josui sho*) Eine im Jahre 1721 vom Abt eines buddhistischen Tempels in Kyōto veröffentlichte Fabelsammlung.

Seite 41:
Aokidō: Name einer zeitgenössischen Tōkyōter Handlung mit Import-Spirituosen.

Seite 42:
Kugenuma: Stadt in der Präfektur Kanagawa südwestlich von Tōkyō, in der A. R. zeitweilig wohnhaft war.

Seite 45:
Kyūshū: Die südlichste der japanischen Hauptinseln.

„Gruppe Frühlingssonne": (Shun'yōkai) Eine 1922 gegründete, an zeitgenössischer westlicher Malerei orientierte Künstlergruppe, die in den folgenden Jahren jeweils im Frühling Ausstellungen organisierte.

Tokutomi Roka: (T. Kenjirō, 1868–1927) Christlich geprägter Schriftsteller und Essayist.

Arishima Takeo: (1878–1923) Schriftsteller, 1910 Mitbegründer der Literaturgruppe Shirakaba (Die weiße Birke, 1910–23). Zu seinen wichtigsten Werken zählt der Roman Aru onna (1919).

Seite 47:
Fritz Kreisler: (1875–1962) Österreichischer Geiger und Komponist von Operetten, Violinkonzerten und Streichquartetten.

Galli-Curci: Die italo-amerikanische Opernsängerin Amelita G.-C. (1882–1963).

Caruso: Der italienische Operntenor Enrico C. (1873–1921).

Toramaru-Rezitationen: Aus der Familie Toramaru entstammten mehrere herausragende Künstler des als naniwa-bushi bzw. rōkyoku bis in die 30er Jahre des 20. Jh.s hinein populären Genre des Vortrags einer narrativen Ballade zur Begleitung der dreisaitigen Shamisen.

Yosano Akiko: (1878–1942) Lyrikerin, bekannt durch den Gedichtband Midoregami (1901).

Nagai Kafū: (1879–1959) Herausragender Erzähler, dessen Werke durch einen konsequenten Individualismus gekennzeichnet sind.

Bedeutend ist der Roman *Bokutō kitan* (1937, dt. 1990, *Romanze östlich des Sumidagawa*).

Tanizaki Jun'ichirō: (1886–1965) Einer der bedeutendsten Schriftsteller der japanischen Moderne; Romane, Erzählungen, Essays und Theaterstücke. Zu seinen wichtigen Werken zählen der Roman *Sasame yuki* (1948, dt. 1964, *Die Schwestern Makioka*), die Erzählungen *Chijin no ai* (1925, dt. 1970, *Naomi oder Eine unersättliche Liebe*) und *Kagi* (1956, dt. 1961, *Der Schlüssel*) sowie die Essaysammlung *Inei raisan* (1933, dt. 1987, *Lob des Schattens*).

Der Bergpaß des Boddhisatva: (*Daibosatsu tōge*) Monumentalroman des japanischen Schriftstellers Nakazato Kaizan (1885–1944), dessen 20 Bände zwischen 1913 und 1941 erschienen.

Seite 49:
Kurata Hyakuzō: (1891–1943) Autor von Bühnenstücken und Essays.

Kikuchi Kan: Vgl. Anm. zu S. 28 (Kikuchi Hiroshi).

Kume Masao: Vgl. Anm. zu S. 11.

Mushanokōji Saneatsu: (1885–1976) Schriftsteller, 1910 Mitbegründer der einflußreichen Literaturgruppe *Shirakaba* (*Die weiße Birke*, 1910–23).

Satomi Ton: (Yamauchi Hideo, 1888–1983) Schriftsteller, mit seinem Bruder Arishima Takeo 1910 Gründungsmitglied der Literaturgruppe *Shirakaba* (*Die weiße Birke*, 1910–23).

Satō Haruo: (1892–1964) Dichter und Schriftsteller, Freund A. R.s.

Yoshida Genjirō: (1886–1956) Autor von Bühnenstücken und Essays.

Nogami Yayoi: (N. Yaeko, 1885–1985) Autorin von Erzählungen und Romanen.

Die Prinzessin Roku-no-miya: (*Roku no miya no himegimi*) Eine Erzählung A. R.s aus dem Jahre 1922, die in der Erzählsammlung *Shunpuku* (1923) erschien.

Kyōden: (Santō K., 1761–1816) Autor des *sharebon*-Genre (*Bücher feiner Lebensart*), populärer Sammlungen kurzer Erzählungen, die mit Kommentaren des Autors gespickt waren.

Sanba: (Shikitei S., 1776–1822) Verfasser von humoristischen Romanen (*kokkeibon*), der auch mit Medikamenten und Kosmetika handelte, für die er in seinen Romanen eifrig warb.

Seite 51:
Honjo: A. R. wurde im Tōkyōter Stadtteil Kyōbashi (Bezirk Chūō) geboren, doch nachdem seine Mutter wenige Monate nach seiner Geburt in geistige Umnachtung fiel, wurde er zur Familie ihres Bruders Akutagawa Michiaki gegeben, die im Stadtteil Ryōgoku (damaliger Bezirk Honjo, heutiger Bezirk Sumida) wohnhaft war.

Edo-Zeit: Auch als Tokugawa-Zeit bezeichnete Periode der Herrschaft der Shōgune aus der Dynastie der Tokugawa. Sie begann mit dem Sieg Tokugawa Ieyasus (1543–1616, Shōgun 1603) über eine Fürstenallianz in der Schlacht von Sekigahara im Jahre 1600 und endete mit dem Sturz der Tokugawa durch die Meiji-Restauration von 1868. Der Zeitraum ist gekennzeichnet durch die Entwicklung Edos (seit 1868 Tōkyō) zum politischen und kulturellen Zentrum Japans.

Hongō: Stadtteil im Tōkyōter Bezirk Bunkyō.

Nihonbashi: Stadtteil im Tōkyōter Bezirk Chūō.

Yokoami-Viertel: Im heutigen Bezirk Sumida.

Seite 52:
Tokutomi Roka: Vgl. Anm. zu S. 45. In seiner Essaysammlung *Shizen to jinsei* (1913) offenbart T. R. sein pantheistisches Naturverständnis.

John Lubbock: (John L. Avebury, 1834–1913) Englischer Archäologe und Anthropologe. A. R. bezieht sich auf sein Werk *The beauties of nature and the wonders of the world we live in* (1913).

Hyappongui: Bezeichnung für das Ufer des Sumida-Flusses in Yokoami im Tōkyōter Bezirk Sumida.

Seite 53:
Vita sexualis: Im Original in Lateinschrift (Rōmaji); Anspielung auf den gleichnamigen, „anti-naturalistischen" Roman Mori Ōgais (1868–1912) aus dem Jahre 1909 (dt. 1983), der eine Schilderung erster sexueller Erfahrungen enthält.

Seite 54:
Fushimi-Toba: (Präfektur Kyōto) Am 27.1.1868 Schauplatz einer Schlacht, in der die Truppen der aufständischen Lehen Chōshū und Satsuma eine Armee der Tokugawa-Regierung schlugen.

Seite 55:
seinen alten Onkel einmal zu einer Weide begleitete: A. R.s leiblicher Vater, der Milchhändler Niihara Toshizō, bewirtschaftete Viehweiden in den heutigen Tōkyōter Bezirken Shinjuku und Chūō.

Obi: Ein breiter steifer Seidengürtel, der um den japanischen Kimono geschlungen wird.

Seite 56:
Kunikida Doppo: (K. Tetsuo, 1871–1908) Erzähler und Dichter. Nach romantischen und realistischen Perioden einer der führenden Autoren des frühen japanischen Naturalismus (*shizenshugi*). A. R. bezieht sich auf tagebuchähnliche Aufzeichnungen K. D.s mit dem Titel *Azamukazaru no ki* (*Unverfälschte Aufzeichnungen*, 1908/09).

Konditorei Fūgetsu: Eine seit der Edo-Zeit (1600–1868) berühmte Konditor im Stadtteil Ginza (Tōkyōter Bezirk Chūō).

Seite 57:
Gyokuhen: Ein klassisches Lexikon der chinesischen Schrift in dreißig Bänden.

Seite 58:
Petty Bourgeoisie: Im Original in Lateinschrift (Rōmaji).

Seite 59:
Aus einem Totenhaus: A. R. bezieht sich auf eine Passage im zweiten Kapitel des Romans von F. M. Dostojewski (1821–81) von
1861/62 (dt. 1986).

Seite 60:
Tayama Katai: (T. Rokuya, 1871–1930) Schriftsteller, Essayist und
Dichter, führender Naturalist und einer der ersten *shishōsetsu*-Au-
toren mit der Erzählung *Futon* (1907, dt. 1948, *Das Bettzeug*).

Tagebuch eines Jägers: Roman des russischen Schriftstellers I. Turgenjew (1818–83) aus dem Jahre 1852 (dt. 1954, *Aufzeichnungen
eines Jägers*).

Seite 62:
Räuber vom Liang Shan Moor: Der chinesische Roman *Shuihu
zhuan* aus der zweiten Hälfte des 17. Jh.s (jap. 1773; dt. 1934, *Die
Räuber vom Liang Schan Moor*).

Iwan Karamasow: Figur der Erzählung *Die Brüder Karamasow*
(1879/80; dt. 1986) von F. M. Dostojewski (1821–81).

Hamlet: Held des gleichnamigen Trauerspiels von W. Shakespeare
(1564–1616).

Fürst Andrej: Protagonist des Romans *Krieg und Frieden* (1864–69,
dt. 1985) von L. N. Tolstoi (1828–1910).

Don Juan: Gestalt der neueren europäischen Literatur, Sinnbild un-
stillbarer Leidenschaft; nach dem spanischen Legendenstoff Neu-
gestaltung in der Dichtung u. a. durch Molière und Lord Byron.

Mephistopheles: (Mephisto) Der teuflische Verführer in der Faust-Legende.

Reinecke Fuchs: Der durch seine Schlauheit alle Tiere überlistende Fuchs als Gestalt einer mittelalterlichen Tierfabel; Vorlage für Goethes *Reinecke Fuchs* (1793).

Hagi in Chōshū: Die Stadt Hagi in der heutigen Präfektur Yamaguchi (früheres Lehen Chōshū), aus der A. R.s leiblicher Vater stammte.

Meiji-Restauration: Der Sturz der seit 1600 in Japan herrschenden Tokugawa-Dynastie, ausgelöst durch die Besetzung Kyōtos durch Truppen der aufständischen Lehen Chōshū und Satsuma am 3.1.1868.

Murata Seifū: (1783–1855) Führender Beamter im Lehen Chōshū; legte nach 1837 durch soziale und wirtschaftliche Reformen die Grundlagen für den Aufstieg des Lehens zu einer politischen und militärischen Vormachtstellung innerhalb Japans.

Yamagata Aritomo: (1838–1922) Fürst und Feldmarschall; als Ministerpräsident (1889–91, 1898–1900), Kriegsminister und Präsident des Geheimen Staatsrates eine der mächtigsten Persönlichkeiten im Japan seiner Zeit.

Rot und Schwarz: Der Roman *Le Rouge et le Noir* des französischen Schriftstellers und Essayisten Stendhal (Marie-Henri Beyle, 1783–1842) aus dem Jahre 1830 (dt. 1901).

Seite 63:
haikai: (auch *haiku*) Das traditionelle japanische dreizeilige Kurzgedicht mit der Silbenfolge 5–7–5. Bereits im 16. Jh. populär, erfuhr die *haikai*-Dichtung im 17. Jh. eine Blütezeit. Führende Dichter waren u.a. Ihara Saikaku (1642–93) und Matsuo Bashō (1644–94), die neue, individuelle Stile prägten.

Genroku-Zeit: Die Periode von 1688–1704. Der Begriff Genroku-Kultur bezeichnet die in diesen Jahrzehnten in den großen Städten

Ōsaka, Kyōto und Edo blühende, bürgerlich-weltlich geprägte Kultur, die sich durch herausragende schöpferische Leistungen in Literatur und Wissenschaft auszeichnete. Hierzu gehören die Weiterentwicklung der *haikai*-Dichtung, des traditionellen Puppenspiels (*jōruri*), des „realistischen" Romans und der Malerei.

Gautier: Der französische Dichter Théophile G. (1811–72).

Balzac: Der französische Schriftsteller Honoré de B. (1799–1850).

Tolstoi: Der russische Schriftsteller Leo N. T. (1828–1910).

Seite 64:
Jinbōchō: Stadtviertel im Tōkyōter Bezirk Chiyoda.

Kudan-Hügel: Im Bezirk Chiyoda.

Ōhashi-Bibliothek: Eine 1901 eröffnete Bibliothek im heutigen Bezirk Chiyoda.

Reichsbibliothek: (*Kokuritsu kokkai toshokan Ueno shibu*) Die damalige Staatsbibliothek im Ueno-Park (heutiger Bezirk Taitō).

Seite 65:
Zarathustra: *Also sprach Zarathustra* (1883–85), das Hauptwerk Friedrich Nietzsches (1844–1900).

Livingstone: Der schottische Missionar, Arzt und Afrikaforscher David L. (1813–73).

Byron: Der englische Dichter G. G. N. Lord B. (1788–1824).

Seite 66:
Herr und Knecht: Im Original in Deutsch.

Whitman: Der amerikanische Dichter Walt W. (1819–1892).

schöpferische Evolution: Nach dem Terminus *élan vital* des französischen Philosophen Henri Bergson (1859–1941).

Mushanokōji Saneatsu: Vgl. Anm. zu S. 49.

Seite 69:
Ushigome: Stadtteil im Tōkyōter Bezirk Shinjuku.

Seite 76:
Asakusa-Park: Der Tōkyōter Stadtteil Asakusa im heutigen Bezirk Taitō war seit der ersten Hälfte des 19. Jh.s ein Vergnügungsviertel. In der Nachbarschaft des dortigen Kannon-Tempels (Sensōji) herrschte Jahrmarktatmosphäre mit allen denkbaren Unterhaltungsmöglichkeiten vom Kabuki-Theater bis zum Bordell. Nach der auf die Meiji-Restauration von 1868 folgenden Öffnung Japans schlugen sich westliche Einflüsse in der Eröffnung von Kinos, Varietes und eines Theaters nieder. Die Nakamise-Straße erstreckt sich südlich der Anlagen des Kannon-Tempels.

Seite 79:
Markenzeichen „Three Castles": Eine zeitgenössische englische Tabakmarke.

Seite 80:
Hakata-Tonfiguren: Die traditionell in Hakata (Stadt Fukuoka in der gleichnamigen Präfektur) hergestellten Figuren stellen Frauen, Kinder, Samurai und Geishas dar.

Seite 81:
Tokugawa Ieyasu: (1543–1616) Lehensfürst und Feldherr, 1600 Sieger in der Schlacht von Sekigahara, 1603 erster Shōgun der Tokugawa-Dynastie.

Ninomiya Sontoku: (1787–1856) Konfuzianischer Intellektueller, der sich vorrangig mit Fragen der Wirtschaftspolitik, insbesondere der Landwirtschaft, beschäftigte.

Watanabe Kazan: (1793–1841) Essayist und Maler, beschäftigte sich mit dem Studium der „Holland-Wissenschaften" (*rangaku*). Nach der Veröffentlichung eines regierungskritischen Essaybandes 1839 zum Tode verurteilt, jedoch begnadigt und unter Hausarrest gestellt. 1841 wählte er den Freitod.

Kondō Isami: (1834–68) Polizeioffizier und Tokugawa-Loyalist in den Kämpfen nach der Meiji-Restauration von 1868. Nach seiner Gefangennahme im Frühjahr 1868 hingerichtet.

Chikamatsu Monzaemon: (Sugimori Nobumori, 1653–1724) Herausragender Dramatiker seiner Epoche, Autor von historischen Dramen, insbesondere für das Puppenspiel (*jōruri*).

Seite 93:
Dantschenko: Vermutlich der russische Dichter und Schriftsteller Wassili J. Eroschenko (1890–1952), der sich ab 1914 in Japan aufhielt, bis er 1921 aufgrund seiner Sympathien für die Bolschewiki des Landes verwiesen wurde.

Kaiserliches Theater: (*Teikoku gekijō*) Das 1911 gegründete, erste westliche Theater Japans in Maru-no-uchi (heutiger Tōkyōter Bezirk Chiyoda).

die russische Oper: Die Zaristische Staatsoper Rußlands, die sich aufgrund der inneren Wirren im eigenen Land nach 1918 auf Auslandsreisen befand und im September 1919 ein Gastspiel in Japan gab.

Carmen: Die 1875 in Paris uraufgeführte Oper von G. Bizet (1838–75) nach der Novelle von P. Mérimée (1803–70).

Seite 97:
Rabe und Pfau: A. R. greift eine Äsop zugeschriebene Fabel auf.

Seite 98:
Baudelaire: Der französische Dichter Charles B. (1821–67) und seine Werke *Die Blumen des Bösen* (1901, *Les Fleurs du mal*, 1857) und *Kleine Gedichte in Prosa* (1979, *Le spleen de Paris*, 1869.)

Seite 101:
Gefängnis von Ichigaya: Ehemaliges Untersuchungsgefängnis im Tōkyōter Stadtteil Ichigaya (Bezirk Shinjuku). A. R.s Schwager Ni-

shikawa Yutaka saß unter dem Vorwurf der Veruntreuung 1926 dort ein.

Seite 102:
Haori: Ein traditioneller japanischer Überwurf.

Seite 105:
Kōjimachi: Stadtteil im Tōkyōter Bezirk Chiyoda.

Seite 106:
daß ich auch Journalist bin: A. R. war vertraglich an die Tageszeitung „Ōsaka mainichi shinbun" gebunden.

Seite 108:
das Totengedenken des siebenten Tages: A.R.s Schwager Nishikawa Yutaka beging im Januar 1927 Selbstmord, vgl. Anm. zu S. 101.

Seite 111:
Der Steigbügel des Ōkubo: (*Ōkubo musashi abumi*) Ein in der Edo-Zeit (1600–1868) populäres Werk über das Leben des Ōkubo Hikozaemon (1560–1639), eines Vasallen der Tokugawa-Shōgune; Vorlage für Kabuki-Dramen.

Seite 114:
Kropotkins Schrift: In seinem Werk *Gegenseitige Hilfe in der Tier- und Menschenwelt* (1904) betont Pjotr Kropotkin (1842–1921) unter Zurückweisung der Darwinschen These vom *Kampf ums Dasein* die Bedeutung der spontanen Solidarität unter Menschen und Tieren, die nicht durch Eingriffe des Staates erzwungen werden muß.

Seite 115:
César Franck: (1822–90) Französischer Komponist belgischer Herkunft, Organist und Orgellehrer. Neben Orgelwerken komponierte er u.a. Symphonien und Werke für Klavier und Violine.

Seite 117:
Goethe, Frau von Stein: Charlotte von Stein (1742–1827), Hofdame in Weimar, Gattin eines herzoglichen Oberstallmeisters, war ab November 1775 eine enge Freundin Johann Wolfgang von Goethes (1749–1832); dieser reiste im Herbst 1786 überstürzt nach Italien aus Gründen der Überbeanspruchung durch berufliche und persönliche Bindungen.

Anthologie moderner Literatur: A. R. war Herausgeber einer fünfbändigen Ausgabe zeitgenössischer japanischer Literatur mit dem Titel *Kindai Nihon bungei yomihon* (*Anthologie japanischer Literatur der Moderne*, 1925/26), die als Unterrichtsmaterial für die Mittelschule konzipiert war. Ungeachtet niedriger Verkaufszahlen warf man A. R. vor, unter Mißachtung der Autorenrechte von der Veröffentlichung finanziell profitieren zu wollen.

Seite 118:
Sōseki: Vgl. Anm. zu S. 22.

Verlaine: Der französische Dichter Paul Marie V. (1844–96).

Wagner: Der deutsche Komponist Richard W. (1813–83).

Strindberg: Der schwedische Dichter (Johan) August S. (1849–1912).

Seite 119:
Geständnis eines Narren: Eine Anspielung auf August Strindbergs autobiographischen Roman *Le plaidoyer d'un fou* (1895, dt. *Plädoyer eines Irren*, 1977). Zudem hinterließ A. R. u.a. einen Band mit autobiographischen Skizzen unter dem Titel *Aru ahō no isshō* (dt. *Das Leben eines Narren*, 1997).

Gauguin: Der französische Maler Paul G. (1848–1903).

Seite 120:
Satanist: Der Begriff des Satanismus bezeichnet eine bedeutende Strömung in der europäischen und nordamerikanischen Literatur

und Malerei des 19. Jh.s, welche die Ästhetik des Bizarren und Dämonischen in den Mittelpunkt stellte und in den ersten beiden Jahrzehnten des 20. Jh.s auch in Japan zu Einfluß gelangte. Als ihre wichtigsten Vertreter gelten Lord Byron (1788–1824), E. A. Poe (1809–49), Ch. Beaudelaire (1821–67) und O. Wilde (1854–1900).

Seite 121:
Wagner: Vgl. Anm. zu S. 118.

Seite 122:
Shakespeare, Goethe, Chikamatsu Monzaemon: Shakespeare: Der englische Dichter und Schauspieler William Sh. (1564–1616); Goethe: Der deutsche Dichter Johann Wolfgang von G. (1749–1832); Chikamatsu Monzaemon: (Sugimori Nobumori, 1653–1724): Vgl. Anm. zu S. 81.

Nietzsche, *Zarathustra*: Vgl. Anm. zu S. 65.

Wilde: Der anglo-irische Schriftsteller Oscar W. (Fingal O'Flahertie Wills, 1854–1900) wurde 1895 wegen Homosexualität zu zwei Jahren Zuchthaus verurteilt.

Seite 123:
Faust: Die europäische Symbolgestalt des wahrheits- und erleuchtungsuchenden Geistes. Nach der Sage wendet sich Faust der Zauberei zu und verschreibt sich dem Teufel, dessen Diener Mephistopheles ihm ein ausschweifendes Genußleben bietet und ihn nach Ablauf der Paktfrist erdrosselt. Stoffquelle u.a. für Goethes *Urfaust* (um 1774) und *Faust* (1808–32).

Seite 124:
Geist der goldenen Mitte: Dem Begriff der *goldenen Mitte* (chin. *zhong yong*, jap. *chūyō*) kommt insbesondere im Kontext des Systems des chinesischen Philosophen Zhu Xi (jap. Shushi, 1130–1200), dessen gleichnamiges Werk zu den vier „klassischen Schriften" (*shisho*) des Neo-Konfuzianismus zählt, eine zentrale Rolle zu.

Analog zum aristotelischen Begriff *mesotes* bezeichnet *chūyō* einen sittlichen Wert als Mitte zweier Extreme und charakterisiert eine unbeirrbarre und vorurteilsfreie Persönlichkeit, deren soziales Verhalten sich durch Mäßigkeit in der Lebensführung und Objektivität und Ausgewogenheit in der Beurteilung ihrer Umwelt auszeichnet; damit einher geht die Verurteilung eines direkten und impulsiven, die sittlichen Gepflogenheiten mißachtenden Handelns.

Daimon: Im Original in Lateinschrift (Rōmaji). Der griechische Philosoph Sokrates (469–399 v. Chr.) bezeichnete mit *Daimonion* die warnende innere Stimme der Gottheit, durch die er sich geführt glaubte und auf die er sich als seine ethische Orientierung berief (vgl. Plato, *Sokrates im Gespräch,* dt. 1995).